數位時代的
傳播倫理與法規

Communication Ethics and
Law in the Digital Age

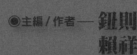

◉主編/作者—鈕則勳
　　　　　賴祥蔚
◉作者—胡全威
　　　張佩娟
　　　莊伯仲
　　　游淳惠
　　　鄭淑慧

主編序

數位時代更不能忽略媒體的社會責任

　　數位時代來臨，傳播倫理與法規更形重要，所以我們籌劃了一年的時間，協調了七位老師針對特定領域撰寫專章，終於出版了這本專業教科書。我們將傳播、新聞、廣告、公關等各方面的重要議題，進行了規範面的討論，也提出了遠景期盼及建議，主要就是因為在數位時代中，傳播倫理與法規不僅應該被社會大眾或網友瞭解外，傳播領域相關的專業人員，不論是新聞採編播人員、廣告代理、公關專業，對傳播倫理與法規的認識，更應該有其必要性，畢竟掌握媒體，就要負更多的道義責任，更遑論在數位時代資訊愈來愈行碎片化的現實環境中。

　　本書從兩大面向來聚焦與數位時代傳播倫理法規之相關議題。第一大面向是新聞傳播部分，包括文大新聞系莊伯仲教授所撰寫的電視新聞報導與搜尋行銷的倫理與法規，除了探討閱聽眾中最常接觸到的電視媒體在新聞製播時應掌握的原則外，也從嶄新的觀點來討論網路搜尋行銷操作上應注意的地方。世新大學口傳系胡全威副教授置焦的社群媒體上的溝通倫理與法規，畢竟社群時代人人都是自媒體，到底應該如何拿捏社群溝通的邏輯，而不逾越分寸，或許是網友都應該明瞭的。台藝大賴祥蔚教授則著墨在網路平台新聞議價與問責機制的倫理與法規，他特別以國外的相關規範來檢視我國相關的規範或是芻議，也期待能夠在政策面向上起一個指引或廣泛討論的效果。至於筆者，則特別著墨在我國置入性行銷與贊助的相關法規上，除了敘述現行的規範外，也想針對實際運作的情況提出一些反思。

第二大面向則是公關與廣告的部分,朝陽科技大學傳播藝術系鄭淑慧副教授聚焦在網路時代的公關專業倫理進行討論,輔大廣告傳播學系張佩娟主任以其法學與廣告之專業素養,除了帶領我們更進一步地瞭解《公平交易法》中虛偽不實廣告的類型及樣態,更說明了不實廣告的判定原則及其應該負的責任;進一步地,張主任更點出了數位時代中虛偽不實廣告與吹牛廣告的區別,同時藉由相關案例的深入解析,更能讓讀者與廣告相關從業人員掌握在數位時代廣告操作中應該謹守的依據。文大廣告系游淳惠助理教授特別針對網路時代的影片創作與網路直播進行了倫理與法規的梳理與說明,畢竟現今影片製作與網路直播已成為網路行銷時代的主流,但素材的使用應該掌握哪些原則才不會觸法,許多製作者未必清楚瞭解,游老師的這個章節確實提供了清晰的說明與指引。

　　而筆者的部分則特別著墨在食品、化粧品、藥品與競選這四種廣告的倫理與法規來進行細部討論,除了會點到相關的廣告策略外,更會整理我國最新的相關法規,特別是針對與廣告有關的部分來深入說明,進一步地,也會提到最新的案例來進行搭配,進而提出結論。

　　本書的完成,真的非常感謝各位老師的付出,畢竟現今學校的工作日益繁重,除了教學、研究、服務之外,還要因應「少子化」並著重在招生宣傳的面向上;但各位老師仍願意抽出寶貴時間,針對一己之專業領域,聚焦在與實務緊密連結的部分來進行本書的撰寫,確實能讓學生及讀者們能夠有個專業的指引,著實令人敬佩。特別是本書的共同主編、臺灣藝術大學廣電系賴祥蔚教授,除了協助建構本書的篇章架構外,也進行了綿密的聯繫工作,使本書的撰寫能更順遂。而本書除了深刻地點出在數位時代中特定傳播領域與倫理法規有關的重點原則外,並期許新聞、廣告、公關、傳播從業人員也應該深刻瞭解相關原則,讓掌握媒體之專業人士,能夠更重視自己在社會上應負的責任,當然也期待能提供消費者、閱聽大眾及網友非常實用的相關資訊。

最後，本書的完成還是要感謝非常辛苦的揚智專業出版團隊，沒有他們夜以繼日的趕工，或許傳播領域的同學們還沒有一本篇章結構頗為完整、且由傳播科系教授學者所撰寫，並特別針對數位時代的傳播倫理法規領域的專書。本書仍有不足之處，要努力的地方也還有很多，但相信本書可作為數位時代傳播倫理法規專業領域進一步研究的一個關鍵點。

謹識

2024年2月

主編／作者簡介

鈕則勳

學歷

政治大學政治學博士

現職

中國文化大學廣告學系專任教授兼系主任

經歷

中國文化大學廣告學系專任副教授、助理教授

中華傳播管理學會常務理事

公關公司經理、資深顧問

外交部外交領事人員（外交特考及格）

媒體時事評論員

研究領域

政治傳播行銷

廣告公關策略

傳播法規

賴祥蔚

學歷

政治大學政治學博士

現職

臺灣藝術大學廣播電視學系教授、愛盲基金會董事

曾任

富邦金控獨立董事、中央廣播電臺總臺長、元智大學特聘客座研究員、
臺灣藝術大學廣播電視學系教授兼系主任暨應用媒體藝術研究所所長

學術專長

言論自由、媒體經濟學、文學劇本

著作

著有學術專書多本、學術論文上百篇；另著有長篇臺灣歷史小說等得獎
與入圍文學著作多本。連續多年獲得學術研究獎勵，著作曾獲國家圖書
館「臺灣出版TOP1」以及「人文類優良課外讀物」。

作者簡介 （依姓名筆劃排序）

胡全威

學歷

臺灣大學政治學研究所博士

英國雪菲爾大學（Sheffield）新聞學博士班肄業

現職

世新大學口語傳播暨社群媒體學系副教授兼學務長

曾任

世新大學口語傳播暨社群媒體學系副教授兼系主任

臺中教育大學通識教育中心助理教授

中國醫藥大學通識教育中心助理教授

張佩娟

學歷

淡江大學管理科學研究所博士

現任

輔仁大學廣告傳播學系專任副教授兼系主任

莊伯仲

學歷

美國韋恩州立大學傳播博士

現職

中國文化大學新聞系教授暨新媒體與傳播研究中心主任

經歷

華視、寰宇新聞臺自律委員會召集人
高考、特考新聞傳播科目命題與閱卷委員
國家文官學院、公務人力發展學院新聞傳播課程講座
中央通訊社監事
《中國時報》記者
臺北市政府新聞處薦任科員（高考新聞行政及格）

研究領域

新聞學、政治傳播、研究方法、民意調查

游淳惠

學歷

清華大學新聞與傳播學院（北京）博士

現職

中國文化大學廣告系助理教授

經歷

浙江工業大學人文學院廣電系助理教授

研究領域

網路行銷、社群行銷、市場調查研究、科學傳播

著作

《直播電商帶貨實操全攻略》等書。

鄭淑慧

學歷

美國韋恩州立大學傳播博士

現職

朝陽科技大學傳播藝術系副教授

研究領域

公共關係、行銷傳播、跨文化傳播

目　錄

第一篇

新聞傳播篇

電視新聞報導的倫理與法規

莊伯仲
中國文化大學新聞系教授暨新媒體與傳播研究中心主任

- 前言
- 電視新聞報導的相關倫理
- 電視新聞報導的相關法規
- 結語

第一節　前言

　　新聞倫理（ethics）是新聞從業人員自行建立的行為準則，藉由興論力量及本身要求讓從業人員自發性遵守，也可說是一種職業道德。而新聞法規（regulations）則是一種法律條文，藉由立法方式強制規定新聞從業人員服從；所以倫理是自律，法規是他律，兩者共同促使新聞從業人員能堅守崗位，並完成社會使命。

　　但是我國並沒有所謂的「新聞法」這樣的法典，它不像《憲法》、《刑法》或《民法》，已經具體條列，並且集結成冊，可供吾人查詢與檢索。儘管如此，這些新聞法規確實涵蓋在許多法律條文中，因此，本章希望能將分散於各處的相關法條概略整理，以供讀者參考。

　　本章將以兩大層面探討之：第一、以倫理規範探討新聞產製，叮嚀從業人員應當謹守職業道德。第二、針對相關法規進行分析，包括《廣播電視法》、《預算法》、《兒童及少年福利與權益保障法》及《著作權法》等。另外，本章亦將探討相關違規個案。

第二節　電視新聞報導的相關倫理

　　倫理是最低限度的法規，因未成文立法，新聞工作者做不到不致違法，然而這是展現專業意理的一種行為準繩，仍須念茲在茲。《中華民國電視道德規範》第四章第4條規定：「有關犯罪及風化案件之新聞，在處理技術上應特別審慎，不可以語言圖片描述犯罪方法，並避免暴力與色情鏡頭。」第10條也規定：「對於正在法院審理中之案件不得評論，以免影響審判。」第11條建議：「新聞報導及評論，如發現錯誤，

應儘速更正。倘涉及名譽，則應儘速在相同時段，給對方申述或答辯之機會。」第12條則提到：「新聞內容不得直接為某一廠家或其產品做宣傳，以謀取廣告利益。」

　　吾人還可以從整個新聞產製方式來檢視其他倫理。首先，考驗的是新聞記者對消息來源的掌握、新聞內容的查證，再來，我們可以檢討新聞記者對於採訪內容的撰寫能力，像是有無寫錯字、是否帶入個人觀點……等，最後呈現在閱聽人面前時，是否還是純淨新聞。接下來本章謹就新聞倫理相關層面討論之。

一、消息來源

　　中央通訊社（2010）提到：「記者對與消息來源之間的關係應有良好的拿捏，以防陷於立場偏頗，或讓人誤解。記者應該瞭解，一般的消息來源基於它們一己之需，總想爭取記者好感，甚至有所操控。」倘若記者從一開始的新聞來源就已經辨識不清，何來後續的新聞報導？所以消息來源是新聞事實的構成要素，同時也是一種敘事修辭方式，這種修飾方式對重建新聞真實有重要的作用，但往往也最容易成為捏造虛假的手段。可見記者的確需要加強自律，才不致誤導閱聽人。

　　臺灣記者協會也在其制定的《新聞倫理公約》第3條提到：「新聞工作者不應利用新聞處理技巧，扭曲或掩蓋新聞事實，也不得以片斷取材、煽情、誇大、討好等失衡手段，呈現新聞資訊或進行評斷。」此乃殊途同歸也。

二、新聞查證

　　新聞工作者在整個傳播生態失衡的環境下，確實很難像過去的報

人一樣，秉持新聞公共性的熱忱去從事新聞行業，但是，這並不表示新聞最基本的構成要件都得放棄，新聞查證的工作乃是每一個記者最基本的工作，但是現在電視新聞卻淪為秀場般的戲劇舞臺，新聞記者成了戲劇班底，導致新聞本身的真實性不再重要，漸漸地新聞正確失去原本地位，因為這一切好像都是搬演出來的。

為了預防類似事件的發生，《新聞倫理公約》第11條提到：「新聞工作者應該詳實查證新聞事實。」也就是說，新聞記者應該查明真相，才能下筆論述。其實，馬星野先生早在《中國新聞記者信條》裏就曾提到：「吾人深信，評論時事，公正第一。凡是是非非，善善惡惡，一本於善良純潔之動機、冷靜精密之思考、確鑿充分之證據而判定。忠恕寬厚，以與人為善：勇敢獨立，以堅守立場。」時代在變、環境在變、潮流也在變，但不管從那個角度來看，產、官、學界都應該遵從先人指示，謹守新聞製作原則，莫忘心中那把衡量道德的尺。

三、夾敘夾議

《中央通訊社》（2010）提到：「新聞切忌捏造、竄改、扭曲、不實的陳述、含沙射影、心存惡意、八卦、謠言、誇大、道聽塗說、夾敘夾議，這類作法最後都將付出很大的代價。」新聞本需求真求實，所以它不應該帶有評論。記者的工作在於呈現真相，而評論部分本來就會因個人特質不同而有所差異。為此，《中華民國電視道德規範》第四章第6條提出建議：「新聞分析及評論應與新聞報導嚴格劃分，因前者含主觀成分，後者為純客觀之事實。」如此一來，我們就可以分辨新聞報導與評論分析的不同，新聞內容也不再夾敘夾議，讓人摸不著頭緒。

而憲法保障言論自由，係因言論有助民主自治、真理追求、自我實現與社會安定等多元價值（賴祥蔚，2011），國內的新聞臺也有各自

的「編輯室公約」，透過制度來保障新聞專業自主及內部新聞自由。至2021年底，已簽署編輯室公約（包含新聞自主公約、新聞製播公約等）之廣電事業，包含三立、東森、聯利、公視及中視等共11家（國家通訊傳播委員會，2021）。

聯利即有《TVBS新聞十誡》、《TVBS新聞道德與採訪守則》、《TVBS新聞編輯室公約》，以及《TVBS新聞倫理委員會組織章程》等四種。謹以其「十誡」為例：

一、生命安全第一，新聞採訪第二。

二、反覆查證真實為上，絕不偽造作假。

三、不得造成受害者及其家屬的二次傷害。

四、不得造成警消醫護執行公務的延誤。

五、不因個人觀點或利益影響公正。

六、不因刻板印象傷害弱勢團體。

七、尊重各族群、宗教、文化的價值觀。

八、新聞製作務必符合法律規範與普級原則。

九、尊重智慧財產權。

十、保護消息來源。

💬 第三節　電視新聞報導的相關法規

前述與電視新聞羶色腥、媒體審判、錯誤報導、產品置入有關的倫理規範也有其對應的法律條文，概分為以下七類。

一、產品置入

林照眞（2005）認爲臺灣媒體之所以淪爲置入性行銷的溫床，肇因於媒體數量過多，超過市場負荷，導致媒體「均貧」現象，使得幾乎每一家媒體都得絞盡腦汁掙錢、搶廣告主的預算。而媒體爲了增加收入，會安排新聞節目，甚至是新聞時段製作業配新聞爲廣告商服務，置入性行銷可以說是完全侵入新聞時段，挑戰應有的公信力，讓新聞成爲廣告宣傳中的一環。

置入性行銷之所以會成爲全民話題，肇因於它是以一種潛移默化的方式改變閱聽人對於產品的印象，利用一種低涉入感的模式悄悄地侵入閱聽人腦袋中。廣告主利用傳播媒介巧妙地將欲推銷之商品、口號或形象，藉由新聞、戲劇或節目呈現出來。造成閱聽人分不清廣告與節目、新聞之間的差別，好讓閱聽人將兩者混淆在一起，此時廣告主便得到原先設定的目的，達到宣傳效果。

鄭自隆（2008）發現電視置入有：策劃報導、議題討論、活動配合、專輯置入、道具使用、場景呈現等六種主要的方式。徐振興、黃甄玉（2005）則認爲這些被置入的內容經由付費，再透過設計安排，且以不醒目的手法將產品放入媒體內容中，進而影響閱聽人。例如在臺灣的電視新聞報導中，主播的彩妝與服裝通常是特定公司贊助，播畢後出現感謝字卡，都屬於置入行爲。

然而，置入性行銷可以肆無忌憚地出現在電視新聞中嗎？《衛星廣播電視法》第19條第1項即如此規範：「節目應維持完整性，並與廣告區分。」所以答案當然是否定的。

新聞置入策略也遭到各界批評，學界多主張電波頻率是公有財，不應落入特定廠商手中，並且電視臺也應擔負起社會責任，避免爲特定廠

商背書。廖淑君（2006）認為，政府利用置入進行政令宣導，可能構成新聞廣告化現象，有違廣播電視相關法規中關於節目與廣告分離原則、節目廣告化或廣告節目化認定原則之虞，理應受到規範與限制。

2010年底，《中國時報》資深記者黃哲斌因無法忍受報社指派業務配合的新聞，憤而提出辭呈，並於部落格發表〈乘著噴射機，我離開《中國時報》〉一文，引起極大迴響。除有上萬人連署反對政府收買媒體，新聞傳播院校與媒改團體也串聯表示不排除發起遊行。執政的國民黨順應民意，2011年1月12日於立法院三讀通過《預算法》第62條之1修正案，規定「基於行政中立、維護新聞自由及人民權益，政府各機關暨公營事業、政府捐助基金百分之五十以上成立之財團法人及政府轉投資資本百分之五十以上事業，編列預算於平面媒體、廣播媒體、網路媒體（含社群媒體）及電視媒體辦理政策及業務宣導，應明確標示其為廣告且揭示辦理或贊助機關、單位名稱，並不得以置入性行銷方式進行。」此舉雖獲各界肯定，但一來並未限制候選人或商業團體的置入行為，尚有灰色地帶；二來真正高明的置入並不會輕易被看穿，所以修法後的成效仍有待觀察。

此外，不只是電視新聞，一般節目也須拿捏產品置入的尺度。2010年12月22日國家通訊傳播委員會（以下簡稱NCC）即以年代綜合臺因廣告與節目區隔不清、置入性行銷嚴重，有多次違規紀錄，決議予以撤照，並開罰210萬元。這是NCC首次撤銷衛星頻道業者執照，舉國關注，也引發業者後續的連串抗爭，但最終仍於2010年12月31日午夜正式停播。

二、羶色腥（sensationalism）

在收視率當道的傳播生態中，對於商業電視臺來說，收視率正是一

種潛力指標。各臺壟罩在營收壓力之下，毫無經濟自主空間，最後導致惡性競爭，只好不斷地運用羶色腥的方式製作節目，然後吸引閱聽人收看，最後再打著高收視率的幌子，誘使廣告主投入資金，而形成一種惡性循環。

所謂的黃色新聞（yellow journalism）係指帶有欺騙性的煽動性大標題、偽造圖片、捏造新聞等。隨著電視的普及率增加，原本在報紙上的「黃色新聞」問題，也逐漸出現在電視上，由於電視具聲光效果，使「黃色新聞」中的色情、暴力、血腥問題更加嚴重。有鑑於此，《性侵害犯罪防治法》第13條特別規定：「廣告物、出版品、廣播、電視、電子訊號或其他媒體，不得報導或記載性侵害事件被害人之姓名或其他足以識別被害人身分之資訊。」可見我國法律對性侵害犯罪被害人的保護。

如同大家所知，電視新聞是觀眾所重視與信任的，也有很多家庭把電視新聞視為闔家觀賞的節目，但其內容與影響是值得探討的問題。所以，電視新聞中的暴力血腥畫面有增加的趨勢，越有戲劇性、突發性或衝突性的事件，被報導的可能性也增高，因此有關謀殺、攻擊或犯罪事件的報導，在新聞節目中常會大量出現。根據林照真（2009）的統計，純粹的「犯罪新聞」的確有助於提高收視率，這也解釋了即使連美國媒體也越來越不喜歡花時間做調查報導，不做政治、財經、科技等硬新聞（hard news），反而聚焦於追逐犯罪現場的戲劇性畫面，多拍攝有煽情畫面的軟新聞（soft news），以便提高收視率並獲取商業利益。

至於臺灣，莊伯仲、賴祥蔚（2009）發現，「意外新聞」、「衝突新聞」這些社會新聞竟是電視頻道用來衝高收視率的首選，而且從收視率調查中發現，高收視的新聞中竟高達二至三成都屬於社會類新聞，所以死屍橫陳，受傷者流血、斷肢、哀嚎、求救，立場對峙的兩方人士對嗆、互毆、破壞的鏡頭屢見不鮮，此乃其來有自也。

另就維護觀眾免於恐懼的權利來說，電視新聞不宜播放色情、暴力、犯罪等畫面，甚至以近距離特寫鏡頭做詳細描述，否則也有違反分級制度之虞。以下詳述之。

三、違反分級規定

　　NCC針對限制級（簡稱「限」）、輔導十五歲級（簡稱「輔十五」）、輔導十二歲級（簡稱「輔十二」）、保護級（簡稱「護」）、普遍級（簡稱「普」）等五種分級制度之不同規範尺度制定出《電視節目分級處理辦法》，該法所要求的對象是電視節目，電視新聞並非直接規範的範圍，但是在該法第13條也特別載明：「新聞報導節目得不標示級別，其畫面應符合『普』級規定。」

　　正因為電視新聞只容許普遍級的存在，因此當報導內容超過此界限，跨越到輔導級、保護級，甚至是限制級時，都將會被視為違法。因為新聞屬於電視頻道所播出之內容，該法做為電視新聞報導之遵循法則有其正當性，理應避免跨越級別，觸及限制級、輔導級與保護級之內容，須以普遍級的規範做為新聞製作的最高指導原則。

　　以某四歲女童遭母親同居人殺害事件的報導為例，即有五家新聞臺被NCC裁罰（李品葳，2021）。除了畫面重複播放兇嫌暴力拉扯虐童過程外，主播或記者亦詳述犯罪與暴力的細節，已違《電視節目分級處理辦法》，NCC依據各臺違法情節及過去核處記錄，分別予以三立新聞臺、民視新聞臺、TVBS新聞臺罰鍰20萬元，而壹電視新聞臺、年代新聞臺予以警告處分，所以處理相關報導時不可不慎。

四、妨害兒童或少年身心健康

兒少是國家未來主人翁，其身心健康至為重要，所以《衛星廣播電視法》第17條規定：「衛星廣播電視事業及境外衛星廣播電視事業播送之節目內容，不得有下列情形之一：違反法律強制或禁止規定。妨害兒童或少年身心健康。妨害公共秩序或善良風俗。」NCC可對嚴重違規者處以撤銷頻道執照之處分。

同法第27條也明確規定：「出版品、電腦軟體、電腦網路應予分級；其他有害兒童及少年身心健康之物品經目的事業主管機關認定應予分級者，亦同。前項物品列為限制級者，禁止對兒童及少年為租售、散布、播送或公然陳列。」第30條第12款亦規定：「任何人對於兒童及少年不得有下列行為：違反媒體分級辦法，對兒童及少年提供或播送有害其身心發展之出版品、圖畫、錄影帶、影片、光碟、電子訊號、網際網路或其他物品。」

2009年11月間，壹傳媒集團的網路「動新聞」以動畫鉅細靡遺模擬社會事件，因為太過情色、血腥、暴力，且侵犯當事者人權，而引發爭議，各界紛紛出現反彈，遭到多個公民團體抗議。臺北市政府即依據《兒童及青少年福利法》第30條第12款違反媒體分級辦法之規定，予以重罰五十萬元共兩次。

有鑒於此，《廣播電視法》第21條也規定：「廣播、電視節目內容，不得有左列情形之一：……四、傷害兒童身心健康。五、妨害公共秩序或善良風俗。……」，另外，《衛星廣播電視法》第17條同樣規定：「衛星廣播電視事業及境外衛星廣播電視事業播送之節目內容，不得有下列情形之一：一、違反法律強制或禁止規定。二、妨害兒童或少年身心健康。三、妨害公共秩序或善良風俗。」可見這些法條都重複地

警示新聞從業人員應該善盡守門功能，不能讓新聞內容跨級播出或是違反公序良俗，而生不當。

值得一提的是，《兒童及少年福利與權益保障法》第69條第1項尚規定：「宣傳品、出版品、廣播、電視、網際網路或其他媒體對下列兒童及少年不得報導或記載其姓名或其他足以識別身分之資訊：

一、遭受第49條或第56條第1項各款行為。

二、施用毒品、非法施用管制藥品或其他有害身心健康之物質。

三、為否認子女之訴、收養事件、親權行使、負擔事件或監護權之選定、酌定、改定事件之當事人或關係人。

四、為刑事案件、少年保護事件之當事人或被害人。」

因此電視新聞提及具有上述身分的兒童及少年時要特別留意，除了不可標示其姓名之外，臉部還須加上馬賽克，說話也須經變音處理，否則即有觸法之虞。

五、媒體審判

《廣播電視法》第22條規定：「廣播、電視節目對於尚在偵查或審判中之訴訟事件，或承辦該事件之司法人員或有關之訴訟關係人，不得評論；並不得報導禁止公開訴訟事件之辯論。」此法的制定就是避免媒體在法律判定嫌疑人罪行之前先行展開媒體公審，造成日後司法審理的困難。

因此，國內出現了許多新聞自由與偵查不公開的辯論及研究，為了就是要在這兩者之間取得一個平衡，避免日後出現媒體審判，甚至是媒體殺人的情形。陳弘昇（2007）提到，偵查不公開原則是避免媒體公審，影響被告接受公平審判的機會，因為一旦將相關的偵查資料公布在

媒體上，就會引起熱烈的討論，而閱聽人在媒體渲染之下，未經查驗證據就認定嫌疑人的行為是犯罪事實，那麼更可能影響到法官日後的心證形成，而破壞被告接受公平審判的權利與原則。所以記者在嫌疑人未被定罪之前不宜妄加論斷，以免司法審判失衡，甚至造成誤判。

六、錯誤報導

記者是人，人難免有錯。《廣播電視法》第23條就規範「對於電臺之報導，利害關係人認為錯誤於播送日起，十五日內要求更正時，電臺應於接到要求後七日內，在原節目或原節目同一時間之節目中，加以更正；或將其認為報導並無錯誤之理由，以書面答覆請求人。前項錯誤報導，致利害關係人之權益受有實際損害時，電臺及其負責人與有關人員應依法負民事或刑事責任。」

此法的出現，對於新聞記者其實也是一個福音。如此一來，即便是記者不慎報導錯誤資訊，也有法定的道歉機會。不過道歉畢竟是一種消極的解決方式，仔細做好每一次查證的工作才是積極的正確態度。

七、其他

電視新聞的採訪、編輯與報導其實包羅萬端，除了上揭的部分法規，還有更多面向。例如在新聞界爭取與國家民主法治需求下，2002年起政府先後完成並施行《檔案法》、《國家機密保護法》、《政府資訊公開法》等資訊陽光法案，使得過去因政府機密過於氾濫，使得記者遭法律制裁的情況大為減少。不過分際仍在，新聞工作者務需謹守心中那把尺，以免無端受到牽連。

此外，新聞工作者也必須知曉《著作權法》才不會有所失誤，尤其

是著作權保障的是表達方式，而不是觀念本身。例如甲臺晚間新聞指某地發生怪異的車禍事件，除主播之口頭報導，並有行車紀錄器影片與旁白。而乙臺不久後將翻拍自甲臺的車禍畫面以截圖方式呈現，並搭配大同小異的旁白來播報，就通則來看，只要不是將全部新聞片段複製與貼上，原則上並未涉及侵害著作權問題，因為乙臺報導採納的是甲臺的新聞觀念，而不是其表達方式。

第四節 結語

　　臺灣的電視新聞報導長期以來受到廣大民眾的質疑，多數閱聽人及學者皆認為主要的違法狀況，在於新聞報導的處理方式過於戲劇化而失去真實性。新聞記者有如演員，不斷地以誇張的言詞與肢體表現，甚至是畫面重現，來換取較高的收視率，導致新聞頻道成為秀場，記者們漸漸不再客觀採訪，反而是帶有主觀意識地參與演出。

　　筆者認為此現象不只肇因於新聞從業人員長期缺乏對法律條文的認識，更在於電視經營者不重視自訂的倫理規範，導致越演越烈，難以收拾。事實上，言論自由雖為《憲法》所保障，但是仍有許多法律條文足以規範記者處理新聞尺度；除此之外，先人也早就制定一套用來規範記者的從業行為，並加深道德素養的倫理條例。

　　若以新聞道德面來思考，筆者認為電視臺在新聞處理上，經常在客觀條件犯錯，例如：上錯標題、數據錯誤等，這些雖為小錯，但若能避免，相信對於整體新聞呈現會日趨完美；主觀條件由於牽扯過多的電視臺立場與政治、經濟等因素，所以難以在短期間獲得改善。除此之外，媒體審判是違反新聞倫理的最大宗案件，部分記者經常充當媒體法官，並兼任檢調發言人，自覺具有瞬間定罪定案的能力，忽視司法調查之獨

立性與公平性，此種行為已違反犯罪嫌疑人之人權，嚴重的話，還會影響司法體系的運作，殊為不當，應立即改善。

因此，教育界在媒體素養的通識教育中應該加入新聞倫理課程，單單只是教育新聞科系的學生並無法體現整體效果，若能從小給予正確的新聞倫理觀，讓閱聽人與媒體人同時受到教育，那麼整個傳播生態才有改善的空間，否則只有在惡性循環中不斷地往更底層深陷，無法自拔。

結論發現，新聞法規可從各方面找到利基點，從《兒童及少年福利與權益保障法》進而關心新聞內容的呈現是否違反兒童身心健康發展；從《廣播電視法》可找到主管機關對於新聞呈現的規範；從《電視節目分級處理辦法》能探討何為新聞的合理呈現範圍。除此之外，我們還可以從倫理層面來檢視新聞記者的專業素養，新聞呈現的方式與內容是否合乎應有的意理。遺憾的是，我們發現臺灣電視新聞的違規案例幾乎天天出現，新聞記者的犯錯率極高，這也顯示高層幹部對於相關倫理與法規的重視亟待加強。

筆者認為，一方面NCC未來應該更重視這類問題，嚴格依法行政，該罰則罰。畢竟頻道屬於公眾，是全國人民共同監督與永有的，閱聽人需要的是一個可以播放正確資訊的新聞頻道，而不是充斥著設計橋段的戲劇頻道。另一方面，徒法不足以自行，不論是第一線記者、各級主管，抑或是頻道老闆，都應反思專業倫理，所作所為要能服膺應有的社會責任，莫把閱聽人的期待給忽略了。

參考書目

中央通訊社（2010）。《中央通訊社編採手冊》（增訂二版）。中央通訊
　　社：臺北。

李品葳（2021）。〈5家新聞臺違反分級 NCC罰20萬〉，《銘報》，2021年
　　12月9日網路版。資料來源：https://reurl.cc/jvxWrD。

林照真（2005）。〈「置入性行銷」：新聞與廣告倫理的雙重崩壞〉，《中
　　華傳播學刊》，8：27-44。

林照真（2009）。《收視率新聞學——臺灣電視新聞商品化》。臺北：聯
　　經。

徐振興、黃甄玉（2005）。〈產品訊息疑似置入偶像劇之研究〉，《中華傳
　　播學刊》，8：65-114。

國家通訊傳播委員會（2021）。〈媒體需自律、自由應保障：編輯室公約相
　　關研析及彙整〉，《NCC News》，15 (4)。資料來源：https://nccnews.
　　com.tw/202112/ch2.html。

莊伯仲、賴祥蔚（2009）。《98年觀察電視節目與廣告內容表現》，國家通
　　訊傳播委員會委託研究計畫。

陳弘昇（2007）。《偵查不公開與新聞自由衝突之權衡》。臺北市立教育大
　　學社會科學教育學系碩士論文。

廖淑君（2006）。〈政府從事電視置入性行銷法律規範之研究〉，《廣告學
　　研究》，26：83-107。

鄭自隆（2008）。《電視置入——型式、效果與倫理》。臺北：正中。

賴祥蔚（2011）。〈言論自由與真理追求——觀念市場隱喻的溯源與檢
　　視〉，《新聞學研究》，108:103-139。

社群媒體上的溝通倫理與法規

胡全威
世新大學口語傳播暨社群媒體學系副教授兼學務長

- 溝通倫理及其爭議
- 社群媒體的特質與其上的溝通倫理
- 公然侮辱、毀謗與網路霸凌
- 結語

本章聚焦在社群媒體上的溝通倫理與法規，先說明兩件事。

　　首先，溝通與傳播的英文皆為communication，因此，溝通倫理與傳播倫理依英文翻譯過來，兩者是相同的。不過，一般在中文語境中的傳播倫理，大抵會以大眾傳播為焦點，亦即多討論「大眾媒體」相關的倫理議題，譬如新聞報導的中立性、電影分級制度的要求等。因此，英文也有著作名稱就直接稱為mass communication ethics（大眾傳播倫理）（Leslie, 2000; Moore, 1999）或者英文直接使用media ethics（媒體倫理）（Moore & Murray, 2008）。而此處不使用傳播，特別使用「溝通」一詞，是專指在「人際之間」（interpersonal），雙向或多向的訊息交流（彭懷恩，2017，pp.1-2）。

　　其次，本章標題定在社群媒體上的溝通倫理與法規。因此，著重重點就不是討論社群媒體這個平臺本身涉及的倫理或法規議題。譬如社群媒體是否濫用個資（Wylie, 2019）、演算法是否讓人們過度沉溺在社群媒體上（Wu, 2017），假新聞泛濫應否為社群媒體平臺的責任（黃葳威，2018，pp.281-285）等等。而還是聚焦在社群媒體上人們的留言、貼圖等互動溝通的面向上。

　　本章共分為四節，首先從溝通倫理本身談起，一方面以簡要原則呈現，讓讀者瞭解溝通倫理的概要內涵；另方面，也說明溝通倫理本身的複雜性。第二節則是討論社群媒體特性，同時說明社群媒體上溝通倫理討論的相關議題。第三節則從法規層面探討，討論當前社群媒體上常見的公然侮辱、毀謗與網路霸凌與仇恨言論的法律規範。第四節則是本章的小結。

第一節　溝通倫理及其爭議

　　若我們將倫理扼要界定為正確的規範（林火旺，1997，pp.5-8）。那麼，溝通需要正確的規範嗎？反過來說，如果沒有一定的規範，人與人之間的溝通會產生什麼樣的問題？這些答案應該很明顯。若一方說話顛三倒四，胡言亂語，另一方就會很難理解，也無法透過溝通，獲得雙方可以實際行動的共識。若將視野再擴大一些，人類作為群居動物，彼此之間能解決衝突、增進合作，發揮團結的力量，關鍵就是仰賴溝通（Harari, 2014）。而溝通不僅是單方面的，而是仰賴溝通各方，才能進行順暢。因此，溝通的倫理規範就成為必要，才能使得溝通有規則可循。

　　在溝通倫理學的著作中，學者們提到諸如自由、責任、尊重、同理心、平等、真實等倫理原則（Cheney et al., 2011; Johannesen, 2002）。以下扼要說明三種溝通時常見的倫理規範：

一、自由（freedom）

　　自由權是人類溝通的起點，倘若沒有個人表達意見的自由，也無從對於溝通言論賦予責任或道德要求。也因此，《中華民國憲法》第11條保障的言論自由，也是從法治層面，賦予溝通的根本保障。

　　自由主義大師約翰‧密爾（John S. Mill）對於捍衛言論自由，有一個非常經典的論證。密爾提到，因為我們永遠無法保證自己「不會錯」（infallible）。因此，必須保障他人言論自由的權利，即使我們覺得他的觀點很荒謬，這樣才能防止讓錯誤不被修正。他以歷史上對於哲人蘇

格拉底與耶穌基督的審判為例。當時人們都將此二人視為異端，判處二人死刑。而現代則對此二人的判斷完全改觀。所以，他主張必須確保言論自由，有助於我們糾正錯誤，才能促進整體社會進步（Mill, 2001）。

　　放入日常生活中，這也提醒我們應尊重他人的言論自由，保持開放的心態。可以不同意他人的觀點，但是不能任意剝奪他人說話的權利。否則，有些錯誤就無法修正，人類整體社會也就無法進步。

二、真實性（truth）

　　在人際溝通中，不說謊、說真話是許多倫理規範提到的（游梓翔，2015，pp.48-49；Johannesen, 2002, pp.104-108）。

　　德國哲學家康德（Immanuel Kant）對於不說謊，有非常著名的堅持。他的哲學有很多艱澀的術語，以下試著以白話的方式簡要說明。

　　康德的立論方式從人是自由的這種前提出發。康德認為人依自主意志行動享有自由，就不應受到慾望的宰制，而是依理性法則行動。而要能夠主張人的自由，又要遵守法則，則這種法則必須是人們發自內心深處會同意的法則。如此，遵守這種共同同意的法則，同時也就是一種自由的展現。

　　其中，「不說謊」就是康德認為人們會共同同意的重要法則之一。因為，一旦允許說謊，那麼人們之間就無從達到任何共識，因為不知道對方是否在說謊。彼此溝通同意的事，因為「說謊」就可能一切成空，造成整個秩序的混亂（Johannesen, 2002, pp.43-44）。

　　而碰到一些特殊時刻，譬如壞人在你面前，詢問你的朋友在哪兒時，為了不說謊，還是可以採取一些說話策略引導。譬如可以回答：「我不知道他現在到底在哪裏（不知道他在房間中哪一個精確位置）」，又或者「我現在沒有看到他」（確實，我現在沒有看到他，看

到他是十分鐘前）。這樣的說話策略，就是維持了不說謊，但是又能妥善處理眼前的困境（Sandel, 2009, pp.103-139）。

三、可理解性（comprehensibility）

有傳播學者將溝通視爲制碼與解碼的過程（彭懷恩，2017，pp.54-55）。簡單地說，發送訊息者會將訊息「制碼」（encoding），以文字、符號、圖像或影像方式，成爲特定訊息。發送出去後，接收者必須要有「解碼」（decoding）能力，處理上述訊息。因此，不同的接收者會因爲「解碼」能力不同，而對於訊息產生不同的理解。

舉例來說，講者提到聯合國永續發展的目標SDGs。說話者一直將SDGs視爲大家理所當然理解的內容，可能未考量到有些人不知道這些英文字母是什麼的縮寫，這就有可能使得溝通出現障礙。因此，好的溝通，訊息發布者必須考量接受者的可理解性，適當地調整訊息內容，讓接受者可以順利的解碼，聽懂訊息的意思。否則，就是無效溝通，甚至可能會造成彼此的衝突（Johannesen, 2002, pp.3-4）。

以上這些是比較原則性的價值觀，但溝通的場景、參與者以及目的有諸多不同，而會有很多相對應更具體的規範，也會更爲明確（Johannesen, 2002）。但是，就如同諸多公共議題的爭議，人們對於更根本的倫理規範基礎本來就有不同的觀點，而會產生許多判斷上的衝突（Sandel, 2009）。舉例來說，前述在說明自由權時，採用的是效用主義（utilitarianism）的觀點作爲立論基礎。這種觀點強調倫理規範的立論理由，是考量規範能否帶來更大的效用。而在說明眞實性時，是採用義務論（deontolgy）的觀點在立論。這種觀點強調規範好壞不在於結果是否有利，而是看行爲是否符合理性規範。這兩個就是常見的倫理規範基礎，有時兩者觀點就會產生衝突。

譬如再舉說謊的例子。倘若說謊的結果若可以獲得更大的效用，效用主義者就會認為說謊是對的事。舉例來說，醫生為了讓生性膽小的病患，不要受到太大打擊，就告訴他病症不嚴重，僅需定期吃藥，持續治療。這種「謊言」若可以讓他安心地持續接受治療，還有可能有治癒的機會，不至於一時驚嚇過度，反而傷了性命。此時說謊就是正確的事。不過，持義務論倫理觀的人，就會認為說謊就是違背理性法則，就是違反道德規範。

除了不同的倫理規範的立論基礎外，還有文化差異。譬如，許多溝通規範都會提到平等溝通，認為應該視溝通的雙方、多方各自的地位是平等的（Planalp & Fitness, 2011, pp.138-139）。但事實上，在很多文化中，溝通一定是看身分的，就連用語（譬如，是否用敬語）都會刻意差別。因此，溝通倫理的原則不是簡單套用，還是會依個別情境而有所調整，甚至如同許多倫理爭議般，並沒有單一的標準答案。

第二節　社群媒體的特質與其上的溝通倫理

社群媒體在當代蓬勃發展，諸如臉書、Instagram、推特（後改名為X.com）、PTT等，依序是當前國人們最常使用的社群媒體（財團法人臺灣網路資訊中心，2023，p.79）。根據行政院數位發展部委託的調查，一般民眾使用網路時，最多使用的功能就是即時通訊（聯合行銷研究股份有限公司，2023，pp.87-88）。亦即，最多人在上網時是使用社群媒體與人社交聯繫。也因此，社群媒體成為當代人生活重心之一，所引發的倫理議題也十分廣泛。

本節的鋪陳方式，以社群媒體平臺作為特定溝通情境，討論其上引發的倫理爭議。亦即，一方面以社群媒體的特性作為論述主軸；另

方面，也同時點出這些特性會引發的溝通倫理爭議有哪些，提供讀者參考。

首先，若從實際案例來理解社群媒體，社群媒體就是指諸如臉書、Instagram、PTT、Dcard等。而從核心內涵，則社群媒體有兩大特質：社群建立（networking）與內容共享（content sharing）（游梓翔，2018）。簡單地說，就是人們透過在某個平臺上分享內容，進而與平臺上的使用者成為一個內容共享的社群。這種社群認同，無論是自己賦予的或是被他人所認知。譬如，我們可以常聽到臉友（臉書）、卡友（Dcard）、鄉民（PTT）等稱呼。

而用戶在社群媒體上分享內容與人溝通聯繫，會產生什麼樣的倫理議題呢？首先，就是同溫層的問題。因為社群媒體上有太多資訊分享，平臺為了吸引用戶停留更久，就會利用大數據演算法篩選訊息，進而推播給用戶偏好的資訊。換言之，用戶固然常可以看到自己偏好的訊息，也多與同質性高的人對話。這就很可能會落入同溫層的局限中，甚至容易形成團體迷思（group think），亦即同質性高的群體，容易形成在團體中形成極端意見。近年來，許多社會出現的政治極化現象（political polarization），衝擊民主政治的穩定發展，社群媒體就常被認為是主要癥結（胡全威，2017，pp.478-480）。

其次，人類作為社群動物的天性，當面對社群媒體時，就會希望發布的內容可以爭取更多的關注與認同，也就是一般說的「按讚」數（Aral, 2020, pp. 94-111）。而為了增加按讚數，首先，是個人隱私範圍的縮減。隱私權本來是人身自由的一部分，人們總是有些不希望他人知道或看到的事。但是，由於社群媒體的便利性與人們為了吸睛，很多原本是私密的感受或照片，結果形成爭取他人按讚的內容（Krasnova et al., 2010）。逐漸發展，許多個人隱私範圍的界線似乎越加限縮，什麼是合宜的隱私內容，不斷地在變化。

再者，人性喜歡看美好的事物，在社交情境中，人們也常會以美好的表象呈現。因此，人們在社群媒體上透過濾鏡、美顏相機，呈現一個美好但未必「眞實」的自我（Wu, 2017, pp.309-317）。這在許多網友相見的短影音中，可以常看到的反諷，見面時發現與照片、影音中相差甚大。此外，當許多人刻意呈現美好生活一面時，反而使得觀看者容易因爲比較心理，造成情緒更爲低落，這反而帶給社會負面的影響（Vogel et al., 2015）。

　　而目前許多在社群媒體上的溝通是透過文字、圖像或是影音，相較於一般面對面談話的差異，就是社群媒體通常是會留下紀錄，即使是二十四小時後消失或是閱後焚毀的機制，都是可以透過截圖等方式保留下。因此，若有人曾經在社群媒體上留下的失言、不雅圖片或影音，就可能成爲日後受指責的證據。也因此，從歐盟發展出的「被遺忘權」（right to be forgotten）就是希望這些網路搜尋引擎或社群媒體不應永久保有人們的資訊（范姜眞媺，2016）。不過，這也提醒我們，在社群媒體上的表達，更要謹言愼行，現在以爲好玩的惡作劇或不雅照，都可能成爲日後被人拿來作文章的把柄。

　　而另外一種極端情況，因應隱私或可能留下個人不雅紀錄，匿名性是社群媒體中，人們常見的因應對策。而且因爲匿名，正可彰顯平等價值，不會有面對面時的地位差異，有時可以是更理想的溝通情境。但是，人們在匿名或以假身分的方式留言時，更容易脫離了應有的社會規範（胡全威，2017, pp.480-481）。譬如，許多政治性新聞下方的留言，可能不是理性爭辯，而充斥許多髒話、詛咒、不堪入耳的話語。人們一般在公開場合中本來會受到的公民文化約束，因爲匿名的遮蔽，而以直觀、惡意方式呈現，甚至造成網路霸凌或公然侮辱等罪行。

　　除了社群媒體本身內部的溝通爭議外，稍微將焦點再放大一點，關注人們流連在社群媒體與現實生活中的區別，這也是當前人際溝通的重

要現象。學者Sherry Turkle有一個非常形像式的說明。她指出當一桌的朋友相聚在一起，表面上十分熱鬧融洽，但大家各自看自己的手機，瀏覽手機裏朋友的貼圖或按讚回應，而不是專注在跟眼前的朋友對話。因此，她的專書名為《在一起孤獨》（*Alone Together*）。眾人表面上聚會在一起，可是各自又是活在個人孤獨的世界中（Turkle, 2011）。Turkle認為解決方案也很簡單，就是重啓面對面的對話，可以重新啓動人與人之間的連結（Turkle, 2015）。

在此先作個小結。社群媒體的蓬勃發展，衝擊原有的人際溝通模式，整體生活型態正在改變。上述提到，社群媒體導致同溫層效應加劇，甚至產生極化現象。因此，是否願意聆聽不同聲音，是當代溝通倫理更應強調的。其次，因為社群媒體的「分享」特性，使得溝通時應有的隱私範圍與呈現樣貌，正在變化中。不過，應仍有一定的倫理界線，不宜過度揭露或過度美化。

再者，社群媒體因為參與者眾，或可匿名參與，容易以更為直接、激烈的負面方式呈現。因此，如何有效地規範與教育社群體上的溝通倫理，更顯重要。譬如，強調「凡走過，必留下痕跡」，提醒人們注意在社群媒體上留言的責任。即使是匿名，仍可能被查到登錄的真實身分。最後，藉由Sherry Turkle教授的提醒，當人們花太多時間在手機上時，很容易忘了人與人之間最根本的面對面溝通的意願與能力。重啓對話，成了當前手機世代中一項很重要的溝通倫理要求。

第三節　公然侮辱、毀謗與網路霸凌

人們大多運用語言、文字與人溝通，而溝通不僅有倫理上的考量，同時也會有是否觸法的問題。譬如，教唆、洩密、恐嚇、猥褻、公然侮

辱、毀謗、霸凌、性騷擾等，都可能在人際溝通時，因不當的言論，而犯下錯誤的行為。

同樣地，在社群媒體上的溝通也受到法律的約束。甚至，有些犯行因為考量網路傳布的力量無遠弗屆，會造成更大的傷害，甚至還加重其刑。譬如，我國《刑法》第313條關於「散布流言」或以「詐術損害他人之信用者」，就規定「以廣播電視、電子通訊、網際網路或其他傳播工具犯前項之罪者，得加重其刑至二分之一」。

本節限於篇幅，就以社群媒體上溝通時，三個常見的法律問題：公然侮辱、誹謗與網路霸凌作扼要討論。

一、公然侮辱

《刑法》第309條：「公然侮辱人者，處拘役或九千元以下罰金」。這裏的「公然侮辱」主要是指以公開方式，透過言語或行動使對方難堪、受辱，通常是以髒話、貶低人格、詛咒類或其他模稜兩可的言詞進行（林煜騰，2018，頁22-28）。

如果只是私人間對話，譬如透過Email信件、Line傳訊息或者電商與顧客間的私訊，即使有侮辱言論，因為是私下行為，不符合《刑法》上的「公然」侮辱的要件（但是仍可以《民法》第195條規定的侵權行為控告）。

但是如果是在自己個人臉書上貼文罵人，又確定被罵的人不是臉友，不會看到，這樣還算是公然侮辱嗎？目前司法實務見解認為臉書上的貼文，可以讓「不特定人」、「多數人」看到，因此這就符合「公然」的要件（林煜騰，2018，頁32-36）。有的人可能認為這只是在自己臉書上抒發情緒，就好像在自家罵人，沒人能管。可是因為社群媒體作為傳達訊息的平臺，隨時可能會被「不特定多數人」看到，就是公

開，不屬於私下空間。因此，要特別小心，避免觸犯法律。

二、毀謗

《刑法》第310條：「意圖散布於眾，而指摘或傳述足以毀損他人名譽之事者，爲誹謗罪，處一年以下有期徒刑、拘役或一萬五千元以下罰金。」

毀謗罪與公然侮辱的最大差異，在於毀謗是與具體事實有關。倘若只是抽象漫罵，就屬於公然侮辱的範圍。但是如果是以具體事實，貶低他人人格，而且明知與事實不同，就可能會犯下毀謗罪。值得注意的是，如果能證明這是眞實者，就可以不罰，但是如果僅涉私德而與公共利益無關者，仍會被處罰。

而與社群媒體比較有關的問題，就是如果我們「分享」、「按讚」別人公然侮辱或誹謗的貼文時，是否也犯下同樣罪行？目前法律實務見解，對於「按讚」行爲，大多認爲「按讚」有可能只是表示看過，並沒有辦法確定行爲者是在表態支持。因爲《刑法》本來就有「罪疑惟輕」原則，亦即在現有證據不能讓法官確認符合犯罪要件時，就應該以對於被告有利的解釋。

而至於「分享」行爲，在現有的法律實務見解上，《刑法》方面，有的處罰，認爲就是散布於眾；有的案件則認爲分享不加評論，無涉個人主觀立場不罰。而在民事上，有案例認爲「分享」已造成共同侵權行爲，應負損害賠償責任（林煜騰，2018，pp.105-109）。因此，分享很有可能涉及《刑法》與《民法》上的責任，特別需要謹慎。

三、網路霸凌

根據《112年國家數位發展研究報告》，網路霸凌被視為是網路促成社群聯繫上，可能造成的重大負面效應。根據調查，我國上網人口每一百人中有三個人表示近一年曾在網路上遭人言論攻擊。而112年的調查，有2.6%的人表示曾遭到網路霸凌，109年度調查時，僅有1.9%（聯合行銷研究股份有限公司，2023，pp.121-125）。

網路霸凌，依不同的樣態，可能涉及到許多不同的法律規範，譬如前面提到的公然侮辱、毀謗、侵權等，甚至會涉及違反《個資法》、猥褻、傷害、恐嚇等罪嫌。此處我們介紹教育部專門針對校園中霸凌問題，所制定的《校園霸凌防制準則》。

《校園霸凌防制準則》中對於霸凌的定義是指「個人或集體持續以言語、文字、圖畫、符號、肢體動作、電子通訊、網際網路或其他方式，直接或間接對他人故意為貶抑、排擠、欺負、騷擾或戲弄等行為，使他人處於具有敵意或不友善環境，產生精神上、生理上或財產上之損害，或影響正常學習活動之進行」。

因此，「網際網路」也可能成為霸凌的媒介，而且網際網路上的留言、影片、圖示，比較能夠留下證據。筆者目前在學校學務處工作，曾接觸過多起的霸凌申訴。其中申訴時的佐證，就常看到申訴人留存Line截圖、臉書留言作為佐證。因此，在網路上，「凡走過，必留下痕跡」。惡意的留言傷害他人，不要以為只是開個玩笑，往往會造成受害者身心傷害，不可不慎。

💬 第四節　結語

　　臉書自2004年誕生。人們受到社群媒體的影響，迄今也不過近二十年，而且每個人涉入程度不同，不同平臺的性質也有所差異。因此，在這樣短短時間內，社群媒體上的溝通尚未發展出一套普遍接受的倫理規範，許多面向仍有很大的爭議。特別是因為社群媒體帶來新的改變，譬如人們對於個人隱私界線逐漸在變化，到底什麼是正確的規範，新舊觀點差異，需要時間對話磨合。而在法律實務上的規範，譬如在臉書上分享是否屬於公然侮辱或毀謗等，也需要靠著一個又一個實際司法案例，才能能提供更細緻區分的司法慣例。

　　不僅如此，近年來生成式AI大爆發。社群媒體上的人際溝通問題，似乎又可能會轉換為人與人工智慧溝通的問題。譬如人工智慧是否帶有種族、階級、性別的偏見，回應我們更為刻板印象的答案。

　　又譬如Sherry Turkle（2011）教授指出，現在人們越來越不願意實體對話，而寧可透過手機，在社群媒體中溝通互動，反而自在。因為可以藏在虛擬頭像之後，又或者可以精心準備後再回應，甚至可以隨時收回、刪除。不像是面對面溝通時，難以即時回應，一旦反應錯誤，也難以回收。可是當人工智慧技術更為純熟時，人們會不會開始更喜歡跟人工智慧對話，甚至產生情感上的依附，進而改變「人是群居動物」這樣的人類天性。人際溝通本來是奠基於這樣的人性，而開始建立各種倫理規範主張。一旦基礎動搖時，人際溝通是否會有新的面貌、新的倫理規範產生？譬如，可以辱罵人工智慧但是不能挑戰它，因為人類的智慧是不可能與人工智慧相比之類的「道德律令」，這種情形是否會誕生？這些問題很值得關注，會影響我們每一個人、我們的後代。

　　如果我們願意接受這樣的世界，就更需要密切關心發展趨勢。如果我們不願意，我們就需要作些改變。譬如，Turkle（2015）教授強調的，「適時放下手機，重啟人與人的面對面對話」，或許是不錯的解方。

參考書目

林火旺（1997）。《倫理學》。新北市：空大。

林煜騰（2018）。《按Enter前，27個救你一命的網路法律絕招》。臺北：新學林。

胡全威（2017）。〈網路民主與新媒體政治〉，收錄於王業立主編，《政治學與臺灣政治》。臺北：雙葉。

范姜真媺（2016）。〈網路時代個人資料保護之強化——被遺忘權利之主張〉，《興大法學》，19：61-106。

財團法人臺灣網路資訊中心（2023）。《2023年臺灣網路報告》，https://report.twnic.tw/2023/。

彭懷恩（2017）。《人際溝通與傳播》。新北市：風雲論壇。

游梓翔（2015）。《演講學原理——公眾傳播的理論與實際》。臺北：五南。

游梓翔（2018）。〈社群媒體在傳播理論中的定位〉，收錄於游梓翔、溫偉群主編，《社群媒體與口語傳播》。臺北：五南，頁3-15。

黃葳威（2018）。《數位時代網路治理》。新北市：揚智文化。

聯合行銷研究股份有限公司（2023）。《112年國家數位發展研究報告》。臺北：數位發展部。

Aral, S. (2020). *The Hype Machine : How Social Media Disrupts Our Elections, Our Economy, and Our Health--and How We Must Adapt* (First edition). Currency.

Cheney, G., May, S., & Munshi, D. (2011). *The Handbook of Communication Ethics*. Routledge.

Harari, Y. N. (2014). *Sapiens: A Brief History of Humankind*. Random House.

Johannesen, R. L. (2002). *Ethics in Human Communication* (5th ed.). Waveland Press.

Krasnova, H., Spiekermann, S., Koroleva, K., & Hildebrand, T. (2010). Online Social Networks: Why We Disclose. *Journal of Information Technology, 25*(2), 109-125. https://doi.org/10.1057/jit.2010.6.

Leslie, L. Z. (2000). *Mass Communication Ethics: Decision Making in Postmodern Culture*. Houghton Mifflin.

Mill, J. S. (2001). *On Liberty*. Batoche Books.

Moore, R. L. (1999). *Mass Communication Law and Ethics*. L. Erlbaum Associates.

Moore, R. L., & Murray, M. D. (2008). *Media Law and Ethics*. Routledge.

Planalp, S., & Fitness, J. (2011). Interpersonal Communication Ethics. In G. Cheney, S. May, & D. Munshi (Eds.), *The Handbook of Communication Ethics*, 135-147. Routledge.

Sandel, M. J. (2009). *Justice: What's the Right Thing to Do?* (1st ed.). Farrar, Straus and Giroux.

Turkle, S. (2011). *Alone Together : Why We Expect More from Technology and Less from Each Other*. Basic Books.

Turkle, S. (2015). *Reclaiming Conversation : The Power of Talk in a Digital Age*. Penguin Press.

Vogel, E. A., Rose, J. P., Okdie, B. M., Eckles, K., & Franz, B. (2015). Who compares and despairs? The effect of social comparison orientation on social media use and its outcomes. *Personality and Individual Differences*, 86: 249-256. https://doi.org/10.1016/j.paid.2015.06.026.

Wu, T. (2017). *The Attention Merchants: The Epic Scramble to Get Inside Our Heads*. Vintage.

Wylie, C. (2019). *Mindf*ck : Cambridge Analytica and the Plot to Break America* (First edition). Random House.

Chapter 3

我國置入性行銷與贊助之法規

鈕則勳
中國文化大學廣告學系專任教授兼系主任

- 置入性行銷與贊助的定義
- 主要國家置入性行銷與贊助相關規範
- 我國置入性行銷與贊助相關規範
- 有違法之虞或爭議之案例說明
- 結語

本章節主要在敘述置入性行銷的定義與特色，除詳述我國置入性行銷與贊助法規外，也觀察主要國家置入性行銷、贊助等相關規範，並做一比較，進一步探討我國相關法規是否有更鬆綁的可能。此外，也會說明一些被國家通訊傳播委員會（NCC）關注或是被裁罰個案，搭配法規進行細部說明與討論。本章若干內容是根據筆者合著，於財團法人中華民國傳媒稽核認證會《2023電視媒體使用與效益白皮書》，筆者所撰寫之部分，進行改寫。

第一節　置入性行銷與贊助的定義

　　置入性行銷與贊助就現今數位行銷時代可說是宣傳及形塑品牌形象的一種操作利器，藉由電視劇集與節目，以船過水無痕的方式和劇本融合，便能達到讓觀眾淺移默化與品牌接觸的可能，閱聽大眾可能藉由進一步的討論增加品牌或產品被知道、瞭解、喜歡，甚至購買的可能。

　　鄭自隆（2008）指出，置入式行銷，一般指的是「商品置入」（product placement），但也有稱之為品牌置入（brand placement）、嵌入式廣告（embedded advertising）、隱藏式廣告（undercover advertising），或是商品融合（product integration），置入式行銷在實務運作上已行之有年，只是一般觀眾沒有查覺而已。廣告主的目的就是期待觀眾在不經意、低涉入感的情況下，累積對商品的印象，也就是下意識的效果（subliminal effect）。

　　Russell（2002）指出，置入性行銷是指委託單位藉付費或利益交換之方式，有計畫地將產品、服務或理念置入媒體訊息內容中，並透過情境式溝通對閱聽大眾進行下意識的誘導，在潛移默化中影響他們的認知、情感與行為。

鄭自隆也指出，置入有不同的形式，戲劇節目會有議題討論、道具使用、場景呈現、角色置入、Logo置入；綜藝節目會有議題討論、道具使用、場景呈現、角色置入、Logo置入等。

　　林芷君（2016）的文章指出，國家通訊傳播委員會（NCC）在2012年開放有條件限制的贊助，讓戲劇及談話性節目出現眾多商品的置入，原意是希望透過廠商贊助，讓節目製作有更多經費，進而提供更好的收視內容。隨著法規逐步放寬，更出現一種新型態的置入性行銷：「冠名贊助」，造成電視節目名稱越來越長的奇特現象，例如第一個冠名的「Kanebo小燕之夜」、「牛頭牌型男大主廚」等等，不難看出贊助商逐漸放眼到其他類型的節目上。

　　基於此，各國都有相關的法規針對置入性行銷或贊助進行規範，而我國在民國105年也訂定了《電視節目廣告區隔與置入性行銷及贊助管理辦法》，112年10月13日又進行最新修正相關條文，作為規範。其中也特別將「冠名贊助」做了定義，係指於節目名稱冠以贊助者之產品、服務、事業、機關（構）、團體、個人之名稱、標誌、商標、品牌或相關附屬圖案。

　　隨著數位時代來臨，置入的範圍更大，遊戲、Podcast、YouTube頻道，甚至TikTok，都有產品訊息的置入。如賴建都、黎佩芬（2017）就研究線上遊戲的廣告置入效果，結果發現玩家遊戲的經驗與使用頻率越高，越不容易注意到置入的廣告，廣告的產品或品牌必須和遊戲內容做結合，才可能達到最佳的效果。潘冠樺（2021）分析Podcast的置入會正向影響聽眾，增進行銷置入的說服力；楊承睿（2018）研究YouTube頻道置入行為時發現，置入享樂性產品之購買意願，顯著優於置入功能性產品。郭岱姿（2019）討論TikTok置入性行銷對消費者購買意願的影響，也發現置入性行銷會正向影響消費者購買意願。

　　既然置入性行銷與贊助作為現今的普遍情況，本章便想觀察分析主

要國家的相關法規對其規範是鬆是緊，並瞭解管規的鬆緊對影視發展可能產生的影響，進而分析我國相關規範是否仍有調整空間。

第二節　主要國家置入性行銷與贊助相關規範

本部分擬針對美國、歐盟、中國大陸及南韓等國之置入性行銷與贊助規範進行簡述，畢竟這些國家、地區的影音與傳播政策觀念較為開放，另外其影視作品也較為台灣觀眾所青睞。

一、主要國家對置入性行銷的規範

鈕則勳、林宜風（2024）指出，依據美國《聯邦規則彙編》的第47條，當播映電台傳送任何直接或間接向該電台支付或承諾支付，或收取或接受金錢、服務或其他有價報酬的事項時，該電台在播映時應宣布：(1)該內容是全部或部分贊助、支付或提供的；(2)以誰或以誰的名義提供這種代價。

歐盟規範傳統電視、頻道，甚至新媒體的基本法規為《影音媒體服務指令》（簡稱AVMSD），馮建三等（2018）的研究中指出歐盟《影音媒體服務指令》，將規範對象從傳統電視、頻道，擴增到新媒體的影視服務，節目施行置入性行銷必須符合以下所有條件，首先不能影響節目內容和排檔的自主性、無不當影響、無不當宣傳效果、不能過分唐突、應善盡告知義務。此外，置入性行銷不能直接鼓勵購買產品與服務、不能在節目中過度呈現商品，也必須謹守贊助揭露原則。

至於中國，李孟潔（2018）提到，中國在置入法規的規範上，對於品牌的限制較台灣開放，常可見節目主持人以口述方式，念出一整串贊

助商品牌名和標語，之後更衍生出「中插廣告」的形式，長度約爲三十至六十秒，運用劇中場景，甚或以劇中人物來演出廣告情景短劇。電視上的「中插廣告」造成戲劇超時問題，於是中國自2012年全面禁止電視中插廣告，但網路影音平台卻不受此限制規範，加上網路廣告費用又較電視廣告便宜，於是網路影音廣告及各式花式置入便成爲廣告主紛紛搶進的領域。

鈕則勳、林宜風（2024）指出，南韓的《廣播法施行令》規範了相關置入的原則規範，只有文化或娛樂節目允許進行產品置入，但在文化或娛樂節目中，不允許對下列文化或娛樂節目進行產品置入：(1)廣播節目主要受眾是兒童。(2)要求客觀、公正的廣播節目，如新聞報導、時事新聞、評論、辯論等。亦即不允許對任何產品等進行產品置入，禁止播放商業廣告，或者根據其他法規或條例或審查條例只允許在有限的時間內播放。

綜合來看，美國部分對置入規範頗爲寬鬆，只要揭露相關資訊，讓觀眾瞭解，並無更細部的規範，這樣也賦予了業者在製作節目中較寬廣的創意發想空間。中國大陸部分，以開放爲主，特別是網路平台，針對置入沒什麼限制，所以除了衍生出許多不會干擾節目內容、觀眾收視的創意置入外，也爲平台製作單位平衡了製作成本並創造收益。 歐盟方面則與我國規範相似，有不影響節目獨立製作、不鼓勵購買、不得過度呈現商品和揭露業者名稱等；至於南韓，只有文化或娛樂節目允許進行產品置入，等於是原則禁止置入，文化或娛樂節目算是例外，才允許置入，管理規範較前述國家嚴格。

二、主要國家對贊助與冠名相關的規範

鈕則勳、林宜風（2024）指出，美國在贊助及冠名部分並無細部

規範，仍然是依據《聯邦規則彙編》之規範，如果廣播電台、節目供應商和其他人接受或同意接受付款、服務或其他有價物，以換取素材的播出，依法須向觀眾充分披露這一事實。

歐盟則仍是依據在2018年修法後的《影音媒體服務指令》，第10條明確指出，揭露贊助商身分是必要的，可以在節目開始、節目播送間或結束時；藥品品牌可贊助節目，但菸草商及相關企業不行，但前者不得宣傳特定藥品或醫療方法。新聞與時事節目不能贊助，歐盟成員國可不允許對兒童節目進行贊助，包括顯示贊助商的Logo。

中國的部分，鈕則勳、林宜風（2022）則指出，中國國家廣播電視總局在2015年的《廣播電視廣告播出管理辦法》並沒有特別針對贊助進行規範，但是就冠名來說，則有相關法條進行約束。以冠名的相關規範，主要有第18條，除電影、電視劇劇場或者節（欄）目冠名標識外，禁止播出任何形式的掛角廣告。第19條，電影、電視劇劇場或者節（欄）目冠名標識不得含有下列情形：(1)單獨出現企業、產品名稱，或者劇場、節（欄）目名稱難以辨認的；(2)標識尺寸大於台標，或者企業、產品名稱的字體尺寸大於劇場、節（欄）目名稱的；(3)翻滾變化，每次顯示時長超過五分鐘，或者每段冠名標識顯示間隔少於十分鐘的；(4)出現經營服務範圍、項目、功能、聯繫方式、形象代言人等文字、圖像的。

南韓有關贊助規範的依據則是《廣播法》與《廣播法施行細則》，在《廣播法施行細則》的第60條，有針對贊助商的公告，內容包括根據《廣播法》第74條第1款的規定，廣播經營企業可在以下任何一種情況下，在任何電視廣播頻道與無線電廣播頻道宣布其贊助商：(1)贊助由廣播企業執行的公共利益活動。(2)贊助由廣播企業主辦、監督或支持的公共利益活動，包括文化、藝術和體育。(3)贊助製作廣播節目的人製作廣播節目，不包括時事、報導和新聞評論節目，或辯論節目。但是，這應

限於韓國通信委員會在與文化、體育、觀光部部長協商後制定之條例所規定的廣播節目。(4)在製作廣播節目過程中提供獎品或禮品，或贊助某個地點、戲服、小插圖與資訊等。

　　總之，以上這些國家都開放贊助，美國與中國相關規定較為寬鬆，歐盟則針對特定產業規範不得進行贊助（如菸草相關），或雖可贊助但不得進行特定宣傳，如藥品品牌，而歐盟對新聞及時事節目不得贊助的規範與南韓規範相似。而前述國家多開放贊助其實不難理解，就是希望相關節目能夠在獲得較多經費後，對節目品質的提昇，或滿足觀眾多變的需求上，能拉高水平，如此一來，對於節目海外拓銷，甚至國家軟實力建構，都能獲取更強的利基。

第三節　我國置入性行銷與贊助相關規範

　　為因應國際趨勢及挹注產業活水，NCC於101年10月5日發布施行《電視節目從事商業置入行銷暫行規範》及《電視節目贊助暫行規範》，有條件開放電視節目接受置入性行銷及贊助，並於《廣播電視法》（以下簡稱《廣電法》）及《衛星廣播電視法》（以下簡稱《衛廣法》）之置入性行銷及贊助相關規定修正通過前，以兩暫行規範為節目與廣告未區分認定之解釋原則。

　　《廣電法》及《衛廣法》於105年1月8日修正施行，除維持節目應與廣告區分之規定外，並新增置入性行銷及贊助之相關規定，亦授權主管機關訂定其他應遵行事項之辦法，故NCC訂定《電視節目廣告區隔與置入性行銷及贊助管理辦法》，並於105年11月11日發布施行，兩暫行規範及《節目與廣告區分認定原則》則於105年12月14日通令廢止（國家通訊傳播委員會，2017）。

NCC在民國107年6月13日的新聞稿也列出了相關修正重點包括：(1)延長非本國自製節目不得接受冠名贊助之時段限制，由原限制晚上八時至十時延長至晚上七時至十一時，期能扶持我國影視自製節目成長，並兼顧視聽眾權益。(2)維持兒童節目不得接受冠名贊助，惟放寬兒童節目贊助來源，不再僅限於過去的文教基金會、機關（構）或非營利組織才能贊助，以豐富多元化資金來源。(3)放寬節目廣告區分認定之規定，針對節目參與者，或節目中所用之道具、布景、贈品、特定活動等，考量實務運作，若與廣告內容無關，將不再需要以其他廣告進行區隔（國家通訊傳播委員會，2018）。

　　民國112年10月13日最新修正通過之《電視節目廣告區隔與置入性行銷及贊助管理辦法》，其中第3條就規範電視事業播送之節目應能明顯辨認，並與其插播之廣告區隔。但《廣播電視法》、《衛星廣播電視法》及本辦法另有規定者，不在此限。第4條也規範了節目廣告不分的禁止細項，電視事業播送節目內容之呈現，以下列方式之一，明顯促銷、宣傳商品或服務，或鼓勵消費，或利用視聽眾輕信或比較心理影響消費者，為節目未能明顯辨認，並與其所插播之廣告未區隔：包括節目名稱之呈現與特定廠商品牌、商品、服務相同者。節目名稱與其所插播之廣告關聯者。節目參與者於節目中之言論或表現、呈現特定廠商品牌、商品、服務電話等等，共計有八大項禁止規範。

　　《電視節目廣告區隔與置入性行銷及贊助管理辦法》第三章及第四章分別規範置入行銷之管理與贊助及冠名、贊助之管理，列出了可操作的相關內容與禁止之事項。以第三章置入的部分來說，主要法條是從第7條到第11條。包括第7條電視事業播送之節目，除新聞及兒童節目外，都可進行置入性行銷。第8條則列出了不能進行置入性行銷的商品、商標及服務，包括菸、酒、跨境婚姻媒合、須由醫師處方或經中央衛生主管機關公告指定之藥物、法令禁止販賣或交易的商品或服務、其他法

令禁止為廣告等。第九條則針對置入內容進行規範，應融入情節、自然呈現，包括不得刻意影響節目內容之編輯、不得直接鼓勵購買商品或服務、不得誇大商品服務或其效果等「三不原則」。

至於第10條則規範電視事業於節目為置入性行銷時，應於該節目播送前、後明顯揭露置入者之名稱或商標，其揭露不計入廣告時間。前項揭露置入者之訊息，不得含有廣告內容，且其時間不得超過二十秒。電視事業未於節目播送前、後揭露置入者訊息，而於節目中呈現廣告內容者，依第3條至第6條規定處理。

第四章則針對贊助及冠名贊助進行管理。其中第12條特別點到電視事業播送之新聞節目不得接受贊助及冠名贊助，兒童節目不得接受冠名贊助。第13條規定電視事業不得於節目中接受下列商品或服務為營業之事業、機關（構）、團體或個人之贊助，包括菸品、跨國境婚姻媒合、法令禁止販賣或交易之商品或服務、其他法令禁止為廣告者。同樣的電視節目不得以上述列商品或服務為冠名贊助，其中還包括政黨、黨工、候選人、公民投票案等。電視事業於節目接受贊助或冠名贊助時，如其他法令限制呈現方式者，應遵守各該法令規範。

第14條載明電視事業接受贊助或冠名贊助，不得有下列之行為：介入節目內容編輯、影響聽眾權益，這亦是針對視聽權益維護之規範。第15條則規範電視事業於節目接受冠名贊助，應於該節目播送前、後明顯揭露贊助事業、機關（構）、團體或個人之名稱或商標等，其大小不得超過頻道事業之標誌。第16條電視事業於節目接受贊助或冠名贊助，應於該節目播送前或後明顯揭露贊助事業、機關（構）、團體或個人之名稱或商標，其揭露不計入廣告時間；前項揭露贊助者之訊息，不得含有廣告內容，其時間不得超過二十秒。電視事業未於節目播送前或後揭露贊助者訊息，而於節目中呈現廣告內容者，依第3條至第6條規定處理。

另外，《衛星廣播電視法》作為上述相關規範的母法，在民國111

年5月18日也做了最新修正，其第四章「節目及廣告管理」的內容中，便有針對廣告內容、節目廣告區隔、置入性行銷、贊助等之基本規範，現茲將相關規範臚列如下。

第27條規定，衛星廣播電視事業及境外衛星廣播電視事業之分公司或代理商播送之節目或廣告內容，不得有下列情形之一：違反法律強制或禁止規定；妨害兒童或少年身心健康；妨害公共秩序或善良風俗；製播新聞違反事實查證原則，致損害公共利益。第30條規定，衛星廣播電視事業及境外衛星廣播電視事業之分公司或代理商播送之節目應能明顯辨認，並與其所插播之廣告區隔。但本法另有規定者，不在此限。

第31條第1項規定，衛星廣播電視事業及境外衛星廣播電視事業之分公司或代理商不得有下列各款行為：播送有擬參選人參加，且由政府出資、製作或贊助之節目或廣告；播送由政府出資、製作或贊助以擬參選人為題材之節目或廣告；播送受政府委託為置入性行銷之節目；播送受政府委託；而未揭露政府出資、製作、贊助或補助訊息之節目。

第2項規定衛星廣播電視事業及境外衛星廣播電視事業之分公司或代理商不得於新聞報導及兒童節目為置入性行銷。第3項規定衛星廣播電視事業及境外衛星廣播電視事業之分公司或代理商於主管機關所定之節目類型中為置入性行銷時，不得刻意影響節目內容編輯、直接鼓勵購買物品、服務或誇大產品效果，並應依規定於節目播送前、後明顯揭露置入者訊息。

第32條規定，衛星廣播電視事業及境外衛星廣播電視事業之分公司或代理商接受贊助時，應於該節目播送前、後揭露贊助者訊息。在不影響收視者權益下，得於運動賽事或藝文活動節目畫面中，出現贊助者訊息。第33條第1項規定，依第31條第3項及前條規定為置入性行銷及揭露贊助者之時間，不計入廣告時間。第2項規定，得為置入性行銷之節目類型、新聞報導、兒童、運動賽事及藝文活動節目之認定、節目與其所

插播廣告之明顯辨認與區隔、置入性行銷置入者與贊助者揭露訊息之方式、限制及其他應遵行事項之辦法，由主管機關定之。

第36條第1項規定，衛星廣播電視事業及境外衛星廣播電視事業之分公司或代理商播送之廣告時間不得超過每一節目播送總時間六分之一。第2項規定，單則廣告時間超過三分鐘或廣告以節目型態播送者，應於播送畫面上標示廣告二字。第3項規定，運動賽事或藝文活動之轉播，應選擇適當時間插播廣告，不得任意中斷節目進行。第4項規定，節目起迄時間認定、廣告播送方式及每一時段之數量分配之辦法，由主管機關定之。

第四節　有違法之虞或爭議之案例說明

本節將整理違反相關規定，而被NCC裁處之案例，除說明其相關內容外，也會陳述NCC是以哪個法規、哪一條來進行裁罰；而從歷年「國家通訊傳播委員會（衛星電視）事業（內容）裁處案件一覽表」中可以發現，節目與廣告未明顯區隔、影響節目內容編輯、直接鼓勵購買物品或服務、未依規定於該節目播送前或後明顯揭露置入者之名稱或商標、新聞節目中為置入性行銷、節目播送受政府委託為置入性行銷之內容等，大約是被裁處的原因，而其中節目與廣告未明顯區隔則是最多被罰案例的主要原因。

案例一：三立台灣台《炮仔聲》

其劇情中的相關內容，置入多項產品，包括「Prim Blue威士忌」、「特力屋smart wash馬桶系列及BRAVAT浴缸」、「殺價王APP」及「三角埔仙草」等商品；且在對話內容及場景中有刻意露出威士忌品牌商標之畫面及內容，講述到免治馬桶商品很好用及店員陳述產品的沖洗功能、模式可選擇，鏡頭有帶入浴缸品牌及浴缸及仙草店名，也有陳述殺價王APP的特性、功能，及雙十一節慶的活動。

NCC指出，該節目播送後僅揭露「置入提供—特力屋」及「置入提供—殺價王」，而節目內容為「Prim Blue威士忌」、「特力屋smart wash馬桶系列及BRAVAT浴缸」、「殺價王APP」及「三角埔仙草」等四項商品為置入性行銷，刻意影響節目內容編輯，直接鼓勵購買物品或服務，另部分商品不得為置入或未依規定於該節目播送前或後明顯揭露置入者之名稱或商標，已違反《衛星廣播電視法》第31條第3項規定，罰鍰六十萬元〔兩段內容皆取自「國家通訊傳播委員會（衛星電視）事業（內容）裁處案件一覽表」，裁處日期：109年1月1日—109年12月31日〕。

案例二：東森綜合台《醫師好辣》

由胡瓜主持，邀請藝人及好辣醫師團共十位來賓，以「想要把生活顧好，這三力千萬不能少！」為討論主題，於節目片尾揭露「本節目置入單位衛生福利部國民健康署」，並在討論「找回好食力、錯誤行為別再犯！」話題時，播出衛生福利部國民健康署委託置入性行銷之內容略如下：營養師林○○於討論「烹調時的小撇步，讓長者輕鬆吃飽又吃

好」話題時有說道，裏面有鳳梨酵素再去醃，這樣可以讓整個肉排，質地是很軟爛的，長輩比較咬得動，大家都可以去上我們的「國健署飲食質地」，它裏面有更多豐富的訊息。

NCC指出，節目已明確於節目結束時，揭露接受「衛生福利部國民健康署」置入，並於節目內置入「國健署飲食質地」相關資訊，明顯違反不得播送受政府委託爲置入性行銷之節目，已違反《衛星廣播電視法》第31條第1項第3款，罰鍰40萬元〔兩段內容皆取自「國家通訊傳播委員會（衛星電視）事業（內容）裁處案件一覽表」，裁處日期：110年1月1日－110年12月31日〕。

案例三：中天娛樂台《健康好神》

該集節目開始時由來賓述說過去因拍片受傷無法行走，後服用鴕鳥精後便獲得極大改善；續由來賓及營養專家輪流說明鴕鳥精所含有的骨鈣質、骨膠質及骨蛋白都很高，能增加身體的柔軟度。並於節目中講述食用方法並現場沖泡試喝，並有罐裝產品鏡頭、沖泡畫面，來賓們也分享其服用後的效果，並有多位見證人聲稱服用後身體改善。除了說明諮詢電話外，進入廣告前皆有字卡顯示諮詢專線電話。

NCC認爲，該節目內容以正面且深入方式介紹特定商品之成分、功效及特色，藉以突顯特定商品價值，另以特寫畫呈現男性來賓手中特定商品（罐裝），再說明沖泡、服用方式，輔以主持人當場服用，已具明顯促銷及宣傳商品之意涵，致節目未能明顯辨認，並與其所插播之廣告未區隔，違反《衛星廣播電視法》第30條規定，罰鍰四十萬〔兩段內容皆取自「國家通訊傳播委員會（衛星電視）事業（內容）裁處案件一覽表」，裁處日期：109年1月1日－109年12月31日〕。

💬 第五節　結語

　　我國在置入性行銷、贊助、冠名贊助等部分規範得頗為清楚，相較於前述主要國家來說，都有規範到，算是中規中矩的規範操作。就置入性行銷的規範來說，「原則開放、例外禁止」與歐盟相似，對於新聞節目及兒童節目並不開放置入性行銷；而台灣的規定比中國大陸與美國的鬆散規範要來得嚴格。至於置入的原則，台灣、歐盟都有明示不能影響節目內容自主性，無不當影響，無不當宣傳效果，不能過分唐突，應善盡告知、揭露的義務。

　　至於贊助與冠名的部分，本章列舉之國家，除了美國、中國大陸無針對贊助進行規範外，歐盟、南韓與我國幾乎都開放對節目的贊助，但是對新聞節目，目前皆無開放贊助，然而我國對兒童節目並未禁止贊助，主因為兒童節目收視率低，期待以贊助增加製播水準。對於「冠名」，美國、歐盟並無規範，南韓不開放冠名，若是將「冠名」作為進一步開放贊助的形式，我國、中國大陸可說在此部分較為開放，是否和華人社會的收視習慣有關，仍得進一步研究。

　　至於我國置入及贊助相關規範有無進一步開放的空間與可能？馮建三等（2018）的研究中可以發現，電視業者多認為追求競爭公平，普遍認為應該去管制化。競爭不公平使台灣電視產業沒有足夠資源製作好的影視作品，不僅讓台灣影視作品無法在海外跟其他國家作品競爭，連帶外國作品導入國內市場，台灣自製作品也無法與之競爭。質疑新媒體（OTT）採取低管制，但有線（衛星）電視採取嚴格管制，訴求競爭公平，應該同採低管制。

　　畢竟現今是觀眾為王的時代，電視節目製作單位或廣告主當然也

會避免誇張或粗糙的置入方式而引發反感，因觀眾早可從不同管道吸收資訊，已有辨別能力，也對資訊的內容更加挑剔，製作單位製作品質勢必得與時俱進，發想新創意且謹慎為之，而政府也有活絡產業發展的責任，當然應跳脫原本框架作思考，進一步且適時地鬆綁相關規範，或許更能創造觀眾、電視製作單位與業者、主管機關間的三贏。

參考書目

《國家通訊傳播委員會（衛星電視）事業（內容）裁處案件一覽表》
（110年1月1日－110年12月31日）。https://www.ncc.gov.tw/chinese/
files/22010/315_47000_220104_1.pdf。

《國家通訊傳播委員會（衛星電視）事業（內容）裁處案件一覽表》
（109年1月1日－109年12月31日）。https://www.ncc.gov.tw/chinese/
files/21011/315_45558_210115_1.pdf。

《電視節目廣告區隔與置入性行銷及贊助管理辦法》（2023年10月13日）。
https://law.moj.gov.tw/LawClass/LawAll.aspx?pcode=P0050055。

《衛星廣播電視法》（2022年5月18日）。https://law.moj.gov.tw/LawClass/
LawAll.aspx?pcode=P0050013。

中國國家廣播電視總局（2015年5月21日）。《廣播電視廣告播出管理辦
法》。http://www.nrta.gov.cn/art/2015/5/21/art_1588_43800.html。

李孟潔（2018年12月26日）。〈電視置入的新思維（上）〉。《動腦新聞凱
絡媒體週報》。https://www.brain.com.tw/news/articlecontent?ID=47325

林芷君（2016年11月12日）。〈無所不在的「置入性行銷」，是助力還是
阻力？〉。關鍵評論（The News Lens）。https://www.thenewslens.com/
article/52154。

國家通訊傳播委員會（2017年6月1日）。國家通訊傳播委員會函。https://
www.ncc.gov.tw/chinese/news_detail.aspx?site_content_sn=3644&sn_
f=37445。

國家通訊傳播委員會（2018年6月13日）。國家通訊傳播委員會新聞稿。
https://www.ncc.gov.tw/chinese/news_detail.aspx?site_content_sn=8&is_
history=0&pages=0&sn_f=39303。

郭岱姿（2019）。《TikTok知覺有用性、知覺易用性和置入性行銷對消費者
購買意願的影響》（未出版之碩士論文）。嶺東科技大學行銷與流通管

理系。

鈕則勳、林宜風（2024）。〈主要國家置入性行銷與贊助法規之比較研究〉。《視聽傳播學刊》，54。

馮建三、林麗雲、劉昌德、胡元輝、蔡欣怡、張春炎、周宇修、田育志（2018年1月）。〈我國電視節目從事商業置入及贊助之調查、規範及政策研究報告〉。國家通訊傳播委員會。https://www.ncc.gov.tw/chinese/files/20043/3500_35661_200430_1.pdf。

楊承睿（2018）。《YouTube頻道類型與置入產品類別對於購買意願、持續收視意願的影響——產品置入接受度的調節效果》（未出版之碩士論文）。政大國際經營與貿易學系。

潘冠樺（2021）。《Podcast行銷置入效果之研究》（未出版之碩士論文）。台大國際企業研究所。

鄭自隆（2008）。《電視置入——形式、效果與倫理》。正中書局。

賴建都、黎佩芬（2017）。〈干擾或溝通？線上遊戲廣告置入效果之研究——置入形式、置入地點暨玩家回憶度、偏好度為例〉，《中國廣告學刊》，22：41-73。

Audiovisual and Media Services (2018). https://digital-strategy.ec.europa.eu/en/policies/audiovisual-and-media-services.

European Commission (2018, November 28). Directive (Eu) of the European Parliament and of the Council. https://eur-lex.europa.eu/legal-content/EN/TXT/?uri=CELEX%3A32018L1808.

Federal Communications Commission (2021, January 13). Sponsorship Identification Rules. https://www.fcc.gov/consumers/guides/sponsorship-identification-rules.

Korea Communications Commission (2019, December 10). Enforcement Decree of The Broadcasting Act Article. https://www.law.go.kr/LSW/eng/engLsSc.do?query=ENFORCEMENT+DECREE+OF+THE+BROADCASTING+ACT#liBgcolor0.

Russell, C. A. (2002). Investigating the Effectiveness of Product Placements in

Television Show: The Role of Modality and Plot Connection Congruence on Brand Memory and Attitude.*Journal of Consumer Research, 29*, 306-318.

The Electronic Code of Federal Regulations Title 47 § 73.1212(2021), https://www.ecfr.gov/current/title-47/chapter-I/subchapter-C/part-73/subpart-H/section-73.1212.

搜尋行銷的倫理與法規

莊伯仲

中國文化大學新聞系教授暨新媒體與傳播研究中心主任

- 前言：必也正名乎
- 搜尋引擎優化與關鍵字廣告
- 關鍵字廣告濫用案例：中華電與臺哥大
- 美國廣告業界現況
- 結語

第一節　前言：必也正名乎

　　要審視「搜尋引擎關鍵字」等廣告類型的濫用理應從廣告的定義開始，或許有人認為定義只不過是文字上的名詞解釋，有那麼重要嗎？但誠如孔老夫子所言：「名不正，則言不順；言不順，則事不成。」（《論語‧子路》）易言之，名義如不正當，道理當然講不通，不容輕乎。

　　以我國大學教科書的記載來說，最常用的廣告定義應是來自美國行銷學會（American Marketing Association, AMA）。該學會這麼說：「廣告是由一位明確的廣告主，在付費的原則下，以各種非人際傳播的方式，對其商品、服務或觀念所做的宣傳與推廣，以期達成銷售的目的。」（Any paid form of non-personal presentation and promotion of ideas, goods and services of an identified sponsor.）亦即：

- ‧廣告是任何「付費」的形式（any paid form）。
- ‧廣告必須有「可辨識的廣告主」（an identified sponsor）。
- ‧廣告的內容是針對「商品、服務或觀念」（ideas, goods and services）。
- ‧廣告須透過「非人際傳播的方式來進行展示與推廣」（即透過媒體）（non-personal presentation and promotion）。

　　由此來看，所謂廣告，學界顯然是採取較狹隘的嚴謹定義，廣告目的固然與行銷學中的推廣組合的其他手段相同，都在於說服或影響閱聽人，但在訊息內容上必須同時滿足以上四大要件的才算是，合當事先敘明，接下來吾人方能檢視企業網站進行搜尋引擎優化與購買關鍵字算不

算廣告了。

第二節 搜尋引擎優化與關鍵字廣告

一、搜尋引擎優化

又稱搜尋引擎最佳化或SEO（search engine optimization），進行SEO是為了讓網站的搜尋排名變好，提升網站的能見度與流量，進而創造轉單與業績。SEO的理念面其實不難，只要瞭解搜尋者可能使用的關鍵字意圖，事先布局好關鍵字對應的文章，網站的「自然排名」就會蒸蒸日上，但在執行面卻需一定技術。

愛貝斯（2023）指出，SEO是一連串改善網站自然排名的工作，可以大致分為「技術」與「內容」兩個面向作探討。

1. 技術面：包含了許多技術與分析的工作，包含了流量分析解碼、主題標籤（hashtag）設定、圖片ALT優化、載入速度優化、TDK撰寫……等。
2. 內容面：內容是SEO配分最大的區塊，搜尋引擎會優先排名符合「搜尋意圖」的文章頁面，只要你的網頁上有文章可以滿足使用者的搜尋意圖，自然就會被Google收錄。因此就算技術面再怎麼優化，無法產出優質有用的文章，是不會有排名效果的。

SEO之所以重要，在於搜尋引擎是網友用來尋找答案的最重要工具，如果一家企業想通過上網曝光公司產品或服務，那麼其網站就必須被搜尋引擎收錄，而且在檢索結果頁面（又稱搜尋引擎結果頁，search engine results page, SERP）中的排名不能太差，否則根本沒人會看到，或者沒有點閱動機。相關研究均指明自然排名與點擊率有高度正向關係，也就是說網站的排名越靠前面，網友的點擊率就越高。

依據Google（2023）〈搜尋引擎最佳化入門指南〉，SEO通常是指對網站的某些部分進行小幅修改。如果分開來看，這些變更可能並不明顯，但是在結合其他最佳化措施的情況下，它們對企業網站的使用者體驗以及自然搜尋結果中的表現有顯著影響。指南中的許多主題都是構成網頁的基本元素，成功的網路行銷就必須充分發揮這些元素的完整功能。

當然，SEO可由企業主依循上揭的Google入門指南中的原則來DIY，自行處理即可；但多數企業還是傾向付費委外執行，因爲SEO的工作必須持續，例如定期發布文章，檢視網站速度，調整網頁標題、內容，發布對外連結讓更多人看到等，而且是相當繁瑣的工作，外包給專業廠商執行的成效會較好。

二、關鍵字廣告

顧名思義便是透過「關鍵字設定」而觸發的廣告，也就是說使用者於網路上搜尋商品資訊或相關關鍵字時，搜尋引擎會在頂端或底端列出廣告曝光區域，使用者便能在此區域點擊相關連結，通往客戶欲引導的網站位置。以Google旗下的關鍵字廣告業務爲例，係企業主先購買可搭配搜尋結果的一組關鍵字，再透過網友點擊計費（cost-per-click, CPC）的廣告曝光模式來收費，這與多媒體廣告聯播網（Google Display Network, GDN）同樣隸屬於Google Adwords（亦稱爲Google Ads）裏。Yahoo!也有同樣的關鍵字廣告服務，唯一的差異是有別於Google的搜尋技術，Yahoo!採用的是Microsoft系統的Bing搜尋核心。進一步來說，關

鍵字廣告有以下兩大特色：

1. 精準行銷的字組：企業主的產品、服務到底需要什麼關鍵字，都可從Google和Yahoo!的專業團隊預先分析市場而備妥的相關字組名單中來挑選，當網友搜尋這些字眼時便會看到企業主廣告，進而有助於接觸到大量的潛在買家。當然，企業主也可自行安排合宜的關鍵字。

2. 選進站才計價：不論Google或Yahoo!，關鍵字廣告曝光在網友面前時不需任何費用，直到網友點擊自行選定的關鍵字而進入網頁後才須計費。每組關鍵字的點擊費用取決於其競標熱門度，最低從3元出頭起跳，以0.5元為間距逐級往上增加。

關鍵字廣告的背後邏輯便是多數消費者在進行購買決策前會先做功課，蒐集好資料後才定奪，而其中多數人會上網來搜尋相關資料。因此每一次的網友搜尋行為都具備高度的消費動機和意願，此時此刻若企業主的關鍵字廣告能及時出現在網友面前的搜尋結果中，將會成為最佳的推廣方式。但實際點擊費用一律是以市場競價機制來訂。

關鍵字的點擊計價原則是出價競標模式，細節值得一提，因為排名是根據字組出價加上廣告品質來綜合計算。只要廣告持續在線，並且有好的點擊率，通常可獲得較高分的廣告品質，對提升字組排名有很大幫助。在競價原則下，以「外套」為例，冬天較為熱門，每次點擊費用可能高達NT$10元，但在夏天乏人問津，也可能低至NT$3.5元。關鍵字有效點擊後即會扣款，而企業主帳戶內剩餘的預存金額將會繼續使用，餘額即將使用完畢時，則需要再進行儲值，不再儲值則關鍵字廣告會自動消失，不再出現在搜尋引擎的檢索結果中。

必須一提的是，有別於自然搜尋結果無法保證網站的排名，而關鍵字廣告不只位置在搜尋結果的上方，排名位置也能運用帳戶預設的計價

額度而做到更貼近廣告主的需求，這正是兩者最大的不同。

三、圖例演示

由於消費者在進行購買前會先上網搜尋資料，當網友搜尋特定產品時，如果該品牌能通過搜尋引擎優化或關鍵字廣告而將相關連結出現在網友面前，就能有效提升知名度與成交機會。兩者目的雖一樣，手段卻不同，僅以**圖4-1**來說明（愛貝斯，2023）。如**圖4-1**所示，所謂的自然排

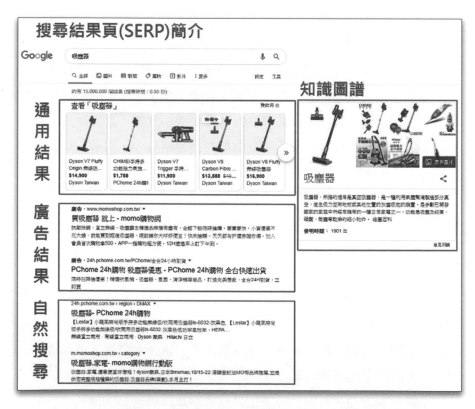

圖4-1 搜尋引擎優化（自然搜尋）與關鍵字廣告（廣告結果）的區別

資料來源：愛貝斯，2023。

名，這就是不用花錢的網站排名。以Google為例，當網友輸入關鍵字進行搜尋之後，上方會出現三至五個廣告，我們稱之為「付費排名」，也就是Google Ads的廣告區塊，往下開始的話會屬於不用額外花錢的「自然排名」區塊，這就是SEO優化工作爭取排名的地方。

四、SEO不是廣告，Adwords才是。

以前揭的美國行銷學會的廣告定義四要件：須付費，有可辨識廣告主，針對商品、服務或觀念，以及須透過非人際傳播的方式來看，一來搜尋引擎優化雖然要花錢，但絕非廣告，因為付費對象係委外的行銷業者，而非網路媒體。更何況企業可自行處理此事，未必付費。二來搜尋引擎優化背後雖有操作者，但不存在可辨識的廣告主。三來搜尋引擎優化在實務上不論採用正當方式優化的白帽（white hat SEO），抑或是利用違規手法提升排名的黑帽法（black hat SEO），基本上與侵害其他廠商的品牌權益（brand equity，又稱品牌資產）無涉，爭議大多針對搜尋引擎業者而來，所以不在本章的宗旨中，以下僅予說明。

所謂黑帽SEO指的就是「欺騙」搜尋引擎的手法，透過一些漏洞來爭取排名；而白帽SEO就是以正當的方式來「經營」網站，進而累積排名。通常黑帽的SEO可以很快的讓你的網站有很好的排名，但只要被搜尋引擎發現，除會降低排名之外，整個網址都有可能被封鎖掉，網站再也無法被收錄（愛貝斯，2023）。至於灰帽SEO，則是介於白帽與黑帽之間的方式，相較於白帽SEO而言，會採取一些取巧的方式操作自然排序，例如撰寫不完全是原創的文章、在網站各處加入關鍵字（但又不致於違反Google原則）、尋找相關網站建立連結等，排名提升的速度，大多會比白帽快一些，但是又不像黑帽這樣違規，是很多SEO操作者很喜歡用的方式，詳如**表4-1**所示。

表4-1　SEO黑帽與白帽作法比較表

黑帽SEO的作法	白帽SEO的作法
網站跳板，進去就跳轉	網站內撰寫有用的內容
不相關的內外連結	自然的內外超連結
關鍵字填鴨，文不對題	建立品牌形象
操縱外連結	有邏輯、策略的內容產出
隱藏一堆文字與超連結	頁面SEO優化
連結農場	關鍵字研究
垃圾評論	忠於品質

資料來源：愛貝斯，2023。

　　利用黑帽SEO技術，雖然有可能在短時間內提升排名，然而遲早會被Google發現，你的網站很可能會被處罰，像是降低排名甚至是刪除網站，讓使用者搜尋不到，最後得不償失。某些SEO代操業者喜歡改用灰帽SEO方式，通常會比白帽法更快見效，但是又不像黑帽法會踩到紅線，詳見**圖4-2**。不過灰帽法若是操作不當，就可能變成黑帽。若是對SEO還不是那麼熟悉，建議還是遵照 Google 的規範操作，花多一點時間投資，以免得不償失（褚崇名，2023）。

💬 第三節　關鍵字廣告濫用案例：中華電與臺哥大

　　承上所述，既然關鍵字廣告有如此優勢，是網路行銷利器，那麼不只企業主，市場競爭對手也可能跟進採用，因此就出現濫用的情況。最大的理由在於使用對手品牌名稱可以借用其名聲，也可以轉引其流量，尤其是兩家廠商有相同的目標消費者，而且他們會搜尋相同關鍵字時。

圖4-2　白帽、灰帽與黑帽SEO的差異

資料來源：褚崇名，2023。

　　據媒體報導，中華電使用競爭對手「臺灣大哥大」事業名稱作為關鍵字廣告，呈現「申辦臺灣大哥大4G好禮週週抽：近4000名幸運兒、獎品總價逾千萬」等內容，足以影響交易秩序，故遭行政院公平交易委員會（以下簡稱公平會）以違反《公平交易法》第25條「除本法另有規定者外，事業亦不得為其他足以影響交易秩序之欺罔或顯失公平之行為」之規範，處中華電信新臺幣二十萬元罰鍰。理由是該關鍵字廣告顯然是藉著與競爭對手相關的事業名稱連結，吸引潛在交易相對人點擊廣告，增加自己的交易機會，且導致未舉辦該促銷活動的競爭對手，卻因該廣告而蒙受消費者誤解。此舉屬於榨取他人努力成果，構成足以影響交易秩序的顯失公平行為（廖千瑩，2018）。

　　對此裁罰結果，法界多認為公平會的處分理由大致包括以下四項重點，除了可能違反《公平交易法》之外，在特定情況下，也可能進一步違反《商標法》。

1. 單純購買他人事業名稱、商標或表徵作為關鍵字廣告，尚不足構成攀附商譽或榨取他人努力成果。
2. 關鍵字廣告若使人誤認為同一來源或具一定關係，或使用爭議性敘述，恐屬影響市場交易秩序之情形
3. 判斷是否「足以影響交易秩序」並不以實際發生之影響為限。
4. 影響市場交易秩序之行為不以故意為限，亦包括過失。

　　不過，也有學者提出異議（許慈真，2019），主要是所謂商標侵權，必須屬於「商標使用」且有「混淆誤認之虞」，才構成商標權侵害。假使僅是單純購買他人商標作為關鍵字廣告，由於該商標只於內部電腦演算法中使用，並不會出現在外部廣告中，消費者無從接觸，自不屬於商標使用。若是採用「關鍵字插入功能」，所購買之關鍵字（即他人商標）自然出現在網路廣告文案中，應屬於商標使用，但是否有混淆

誤認之虞仍須進一步判斷。以中華電案為例，縱然使用者未注意網址與廣告標題或內文有差異而點選，進入網站後應能立即察覺並非本欲瞭解之相關資訊，不致產生混淆誤認，尚不構成商標權侵害。儘管如此，所購買之他人商標如與廣告主商標近似，且使用於類似之商品或服務，不無產生混淆誤認之可能。而法院判決亦曾顯示，倘若廣告標題同時呈現出他人商標特取部分與廣告主商標，且兩者使用於相同或類似之商品或服務，的確可能令消費者誤以為存在授權、加盟或類似關係而致生混淆誤認。

第四節　美國廣告業界現況

Clark（2021）明確指出，原本Google禁止在關鍵字廣告實務上使用對手的相關名稱，但是2019年6月4日起已明文廢除相關限制，只要不是使用欺騙手段即可，例如刻意冒充對手之事業。也就是說，依據Google現在制定的網路廣告規範來看，前揭中華電案例在美國並未違反法規，也檢索不到相關裁罰新聞。Brady（2020）指出，使用與競爭對手有關的品牌名稱來進行搜尋行銷是否構成違法，在美國正是熱門議題，因為企業品牌畢竟是受到法律保護的資產，不過在實務上，就法律層面而言，也很難指明到底侵害了什麼。

Powley（2021）指出，此種買下競爭對手名稱的關鍵字廣告在網路行銷實務上很常見，就其手法又可分成以下三類：使用對手公司名稱（例如飲料公司Pepsi買Coca-Cola的關鍵字）、使用對手品牌名稱〔例如萊姆飲料Sierra Mist買同口味飲料Sprite（雪碧）的關鍵字〕，以及使用對手老闆之名（例如超市鉅擘Walmart幫自家總裁Doug McMillon買了電商龍頭Amazon創辦人Jeff Bezos的關鍵字）。

　　在Google Ads中，Brady（2020）認為有兩種情形會牽涉到使用競爭品牌的名字，其一是企業主所下的關鍵字，其二就是廣告附帶的文案。就前者而言，依Google廣告規範所示 "We don't investigate or restrict trademarks as keywords."，因此對於企業主使用對手公司或品牌名稱做為關鍵字廣告，並無任何規範。另就後者而言，Google廣告規範中亦敘明限制 "Ads referring to the trademark for competitive purposes." 的作法，亦即禁止在自家廣告文案中出現他人已註冊之公司或品牌名稱。也就是說，競爭品牌字眼可拿來買關鍵字廣告，但不能出現搜尋結果的頁面廣告中。如果蓄意使用，通常這樣的廣告會被Google Ads設定的演算法所自動封阻；倘若迴避演算法而僥倖露出，則競爭品牌可向Google抗議而撤除，甚至可向法庭提出訴訟。唯一的例外是在經銷商的廣告中可提及代銷產品，例如大賣場Walmart的網頁廣告文案可提及Apple iPhone。

　　以**圖4-3**為例，某業者在Google下了競爭對手GEICO Insurance的關鍵字廣告，網友以此檢索後，搜尋結果不只出現GEICO Auto Insurance的廣告連結，其下也附隨Get Quotes Car Insurance Rates的廣告。也有學者指出，儘管此舉並不違反Google Ads執行規範與美國法律，但商業道德層面的顧慮卻無法排除（Brady, 2020）。

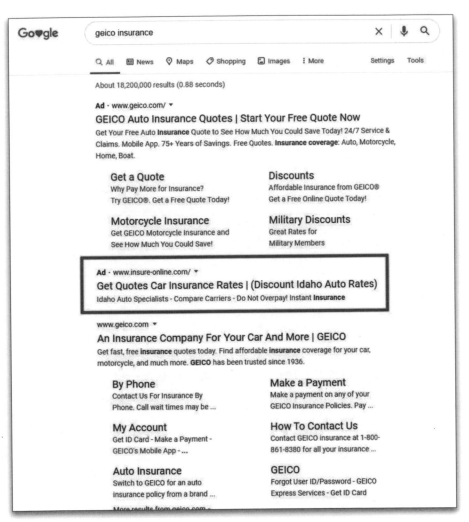

圖4-3　企業主購買競爭對手品牌的關鍵字廣告示例

資料來源：Brady, 2020.

第五節　結語

第一部分　他山之石看美國

綜合Clark（2021）、Ingilby（2021）、Powley（2021）等業界專家的說法，面對競爭對手使用你的品牌關鍵字時，雖然不好受，甚至令人氣惱，但也不是無計可施，仍有以下變通作法可為因應。

(一)向競爭品牌致函抗議

有可能對手委託的網路行銷公司無意誤下了你產品的關鍵字，通過這樣的簡單知會方式，或許就能取消。也可能對手下的只是通用名詞chair，卻自動帶出你的品牌Ingilby Chairs，此時只需修改帳號後臺的關鍵字設定，讓它不再出現即可。至於對手廣告文案出現你的品牌、商標，這已違反Google Ads規範，就算規避演算法限制而出現，你只要向Google檢舉，就會馬上被撤銷。

(二)率先使用自家關鍵字，並拉高廣告標價

自己的關鍵字就要自己用，不論公司、品牌等相關名稱都必須買下，不要留給對手可乘之機。而且Google關鍵字廣告係採競價方式購買，出價越高的在同一關鍵字的檢索結果排序就越上面，點閱率也就越高。如果對手一直使用你的關鍵字，那麼你也可在關鍵字廣告上加價，取得更好的排序位置。因為在自然排序中，始終是越前面的越容易被點選。

(三)以彼之道，還施彼身

競爭對手既然能使用你的關鍵字，那麼你可以反將一軍，使用他的關鍵字，讓對方嚐一嚐同樣的感覺。禮尚往來，彼此彼此，這也是一招，因爲攻擊就是最好的防禦。

(四)與你的法律團隊諮商

儘管在實務上，這些關鍵字廣告的操作不違反Google Ads的現有的施行規範，但是仍有可能牽涉到額外的法律爭議，這時候就是該你的律師登場了，透過司法行動，或許能產生嚇阻作用（例如指控對手不當連結錯假資訊）。

(五)這是一把雙面刃（a double-edged sword）

表面上看，使用競爭對手關鍵字的手法雖可在短時間獲得網友的有效關注，但是也可能讓消費者心生反感，甚至變相拉抬對手的品牌名聲，也不是一個長久之計，其得失必須慎思。這點你知，對方也知。

第二部分　初步五點結論

誠如許慈眞（2019）所言，隨著智慧型手機等行動裝置的普及，關鍵字廣告會比以往更頻繁、更廣泛地觸及公眾，然而關鍵字廣告也伴隨著一定風險，不僅公平會過往已依《公平交易法》第25條開罰（2015年1月22日修正前爲第24條），依據個案情況，亦可能構成商標權侵害，尤其是廣告主與所購買商標之企業通常經營相同或類似之產品或服務，在運用上確實不可不慎。另一方面，爲避免辛勤經營之努力遭他人不當

利用，企業應積極維護商標，並經常偵測其濫用情形，以迅速遏止違反公平競爭之行銷行為，避免利益受損。

　　以下謹針對本章宗旨，初擬五點初步結論，同時也做為後續討論之基礎：

1. 雖然同屬企業的網路推廣作為，但搜尋引擎優化不算廣告，關鍵字廣告才是，合當釐清。

2. 網路搜尋引擎業者，不論Google或Bing對於搜尋引擎優化、關鍵字廣告的實務均有文明規範，已行之有年，但仍會適時調整。

3. 媒體業者使用搜尋引擎優化或關鍵字廣告在實務上終究得配合搜尋引擎業者的規範，暫無自律或他律之必要。就算得自律或他律，也須配合國外同業的作法，不能獨行，否則在跨國性的網際網路上毫無意義。

4. 業者以競爭對手之名進行搜尋引擎優化或關鍵字廣告，除需遵守搜尋引擎業者規範之外，如係可證明之事實描述，例如宣稱對手市占率低，或曾涉及無良產品事件，尚屬合理範圍，似無違法之虞。

5. 業者以競爭對手之名進行搜尋引擎優化或關鍵字廣告，如與錯假訊息（misinformation; disinformation）做不當連結，產生不公平競爭行為，則屬違法行為，但已有相關法條可規範，例如《糧食管理法》、《農產品市場交易法》、《食品安全衛生管理法》、《社會秩序維護法》、《公平交易法》，甚至《刑法》等。

第三部分　延伸討論——AI產製的廣告文案或梗圖有無著作權？

　　隨著人工智慧（Artificial Intelligence，以下簡稱AI）的蓬勃發展與平價普及，近年來吾人開始利用AI進行文學、音樂、美術等作品的創作，當然也可應用在生產傳播產業所需的文案或梗圖上，尤其是應用在新聞網站和社群平臺的行銷上，不過這些作品是否依然受到《著作權法》的保障，就值得探討了。

　　人工智慧創作可概分為有人類創意表現參與的「以人工智慧為工具的創作」，以及無人類參與的「人工智慧獨立創作」。經綜整相關的國際學說與討論發現，基本上大多數國家在法律適用上，仍可將「以人工智慧為工具的創作」視為人類創作，賦予著作權保護，然而如果是「人工智慧獨立創作」，則因AI非為適格之「著作人」，而無法享有著作權保護（高嘉鴻，2018）。

　　我國之法制與實務情形亦與之相符，主要是依我國《著作權法》第10條「著作人於著作完成時享有著作權。但本法另有規定者，從其規定。」係以「人」作為權利義務主體，包括自然人及法人，其所為的創作始享有著作權保護。自然人的權利能力始於出生終於死亡，法人則須依法成立，並於法令限制範圍內享有權利；而AI技術的生成式內容顯然非屬自然人，目前我國也未針對其特別立法使之取得法人資格，故現在AI並無著作權的主體適格（卓翊維、賴佑欣，2023）。

　　至於用ChatGPT完成的文字作品，以及Midjourney製作的電腦繪圖，該AI軟體服務業者是否有著作權呢？經查ChatGPT、Midjourney之產出物，係透過對話、指令後，前往網路資料庫搜尋，再拼湊、整合而生成，由於此一過程包含大量的機器學習，該創作與使用者本身的

個性之間，仍存有許多參雜物與變數，未必全然表現使用者個性，而
ChatGPT、Midjourney「本身」也不符合人類精神的特徵，因此現階段
的AI相關圖文影音作品未必具有可著作性（卓翊維、賴佑欣，2023）。
筆者在此也必須指出，正因AI作品須透過搜集、拼湊、整合才能生成，
以傳統的學術論文寫作為例，內文凡有引用就須標註出處，並於參考書
目詳細列出，但AI作品無法做到這一部分，無從得知其引用與出處為
何，所以就算要保護也無從保護起。

　　然而未來可預見的是，AI技術在質量上將逐漸精進，在品質與數量
上都可能超越人類，世界各國要如何因應相關問題，仍值得持續地觀察
與追蹤。

參考書目

卓翊維、賴佑欣（2023）。〈使用AI工具產出的內容也有著作權嗎？專業律師來解惑〉，《政大秘書處訊》。https://www.nccu.edu.tw/p/406-1000-14022,r17.php?Lang=zh-tw。

高嘉鴻（2018）。〈人工智慧創作是否受著作權保護之略探〉，《智慧財產權》，239：18-34。

許慈真（2019）。〈淺談關鍵字廣告的法律責任〉，《北美智權報》，第230期。http://www.naipo.com/Portals/1/web_tw/Knowledge_Center/Laws/IPNC_190213_0202.htm。

愛貝斯（2023）。〈第一章：SEO是什麼？〉，《SEO經營指南》。https://www.ibest.tw/seo-detail/basic-knowledge/

廖千瑩（2018）。〈中華電信買「臺灣大哥大」關鍵字廣告 公平會開罰20萬〉，《自由時報》，2018年7月25日證券產業版。https://ec.ltn.com.tw/article/breakingnews/2498980。

褚崇名（2023）。〈什麼是灰帽SEO？〉，《WHOOPS》。https://seo.whoops.com.tw/what-is-gray-hat-seo/。

Brady, R. (2020). How to use competitors' names in Google Ads, *Practical Ecommerce*. https://www.practicalecommerce.com/how-to-use-competitors-names-in-google-ads.

Clark, J. (2021). What to do when competitors buy your brand keyword, *Search Engine Journal*. https://www.searchenginejournal.com/competitors-buy-brand-keyword/249995/.

Google（2023）。〈搜尋引擎最佳化入門指南〉。https://developers.google.com/search/docs/fundamentals/seo-starter-guide?hl=zh-tw。

Ingilby, R. (2021). Bidding on competitor keywords on Google Ads, *Ayima: Digital Marketing and SEO Agency*. https://www.ayima.com/insights/bidding-on-

competitor-keywords-on-google-ads.html.

Powley, N. (2021). Catch a competitor bidding and ranking for your brand? Here's your options, *Direct Marketing*. https://www.directom.com/responding-to-competitors-targeting-brand-name/.

新聞抄襲與網路平臺新聞議價的倫理與法規

賴祥蔚
臺灣藝術大學廣播電視學系教授

- 前言
- 取用新聞的倫理與學理

第一節　前言

　　2021年Google被法國重罰五億歐元的新聞，反映出網路平臺應該為使用新聞報導的內容而付費，此一趨勢已經越來越明顯。回顧來看，歐盟早在2019年就通過著作權指令，要求網路平臺付費給新聞媒體，但是沒有強制手段。澳洲2021年2月立法以強制網路平臺必須與當地媒體協商付費使用其內容，否則重罰。臉書一度強硬反擊，隨即妥協願意付費，但是給錢名目並非付費使用，而是「投資」合作夥伴。法國決定開罰Google的關鍵，則是爭取開放網路端的資訊，藉以計算合理的費用。

　　時間回到2019年3月，歐盟通過了新的著作權指令，其中，第十一點規定搜尋引擎以及新聞聚合平臺（news aggregation platform），必須支付費用給新聞網站，才能刊登對方的新聞文章連結與摘要內容；第十三點則規定大型科技公司所屬的網路平臺上，只要有違反著作權的影像或是文字，這些大型科技公司就必須承擔責任。不少人好奇：歐盟此一規定如何規範非歐盟的業者？新聞報導又是否享有著作權？其實歐盟指令背後的倫理議題更值得探討。

　　臺灣的《蘋果日報》在2019年初主動發函多家新聞媒體，強調日後沒有獲該公司授權而擅自利用《蘋果日報》編輯採訪之新聞，一定會依法追訴，只要沒有獲得該報的授權，即使是標示了新聞來源，一樣會追訴到底。

　　前述的這兩則新聞，正好反映出新聞報導遭到取用的兩種主要方式與牽涉其中的各方相關業者：一種方式是AI取用，也就是使用電腦爬蟲程式，在網路上找尋相關新聞報導，並且直接擷取內容摘要的模式，這涉及的是新聞內容網站與網路平臺中的新聞聚合平臺；二是人力取用，

也就是改寫新聞網站，納爲己用，這涉及的是新聞內容網站與其他的新聞內容網站。有學者針對網路時代新聞產業的威脅指出：「殺傷力的最大的當屬新聞聚合網站的發展」（邵國松，2015）。事實上，Google News與Yahoo News等新聞聚合網站陸續出現，確實造成許多紛爭與困擾。這些新聞網站都是免費使用傳統新聞媒體製產出來的新聞報導，結果又進一步反過頭來嚴重影響了傳統新聞媒體的生存。

因爲各類的新聞報導都可以輕易取用，而且在技術上只要按下一個複製的指令，就可以完成，還有多少新聞媒體願意投入昂貴的人力、可觀的物力，繼續進行需要新聞挖掘功力、有深度的報導？既然就可以，那麼只要大學工讀生就可以辦得到，還有什麼新聞媒體願意付出高薪聘請具有專業的眞正記者？新聞媒體的內容如果越來越淺薄化，甚至是弱智化，這不免會造成原來讀者的不滿與流失，於是又會進一步惡化新聞媒體本來的生存處境。新聞報導普遍遭到抄襲的現象，引起了新聞倫理的重大挑戰，也衍生出許多侵犯智財權的糾紛與訴訟，但是至今尚無解決方案。

新聞媒體的生存危機，已經是包括臺灣在內的全球其他國家媒體都必須面對的共同挑戰。新聞報導的內容經常未經授權就被抄襲、拼湊改寫，或者是被新聞聚合網站直接攫取摘要，長久以來引起了許多憂心以及討論。

針對此一主題，美國早有研究與相關判決，一百多年前就已經提出了「熱點新聞挪用規則」，希望以此確立相關倫理，後來又通過著作權立法。有學者認爲，《著作權法》無法提供新聞報導在事實部分的保護，因此建議重新建構「熱點新聞挪用規則」，其基礎是財產權，以便新聞媒體可以獲得必要的保護，進而取得授權收費的法源。然而，前述主張也引來反對意見（Harrison & Shelton, 2013）。

歸納美國經驗，有助於探討新聞報導享有著作權與財產權的基礎。

本文希望藉此探討新聞報導如何享有著作權或財產權保護的倫理與學理；並且調查臺灣主流新聞媒體的高層主管對此議題的認知與態度，以便探究網路平臺新聞議價的倫理與法規之參考〔本文曾發表於《視聽傳播》第52期（賴祥蔚，2022），經再次改寫並增補新資料而成〕。

💬 第二節　取用新聞的倫理與學理

一、取用新聞的倫理與爭議

　　怎麼使用他人撰寫的新聞報導，這個問題不只涉及了倫理，更涉及著作權的法律爭議。新聞報導是否應該享有著作權？討論由來已久，核心關鍵在於新聞報導的價值到底是只存在於事實，還是也攸關其獨創性表達？或是另有考量？各界對此眾說紛紜，不同主張的背後也牽涉了不同法源與理論。

　　取用他人作品，在倫理上一定有爭議，但是在法律上又如何呢？要對抗抄襲，許多人主要想到的法理依據都是著作權。然而，美國的司法判例指出，著作權保護的應該是具有獨創性的表達，而不是用於保護單純的事實陳述，這是不是就排除了新聞報導，有待詳細討論。

　　早在著作權受到重視並且成為聯邦的普通法之前，美國就曾經採用源於《反不正當競爭法》的「熱點新聞挪用規則」（Hot News Misappropriation Doctrine）來保護新聞報導的應有權利，以對抗抄襲。這個原則更有倫理上的意義。其後，美國聯邦政府才針對著作權保護而立法，在此之後，著作權保護隱然成為探討新聞報導如何對抗抄襲的主要思路（Harrison & Shelton, 2013）。

　　美國對於著作權的主要保護為聯邦通過的《著作權法》。然而，美國聯邦最高法院在1991年的判決明確指出：著作權保護的是原創性，不保護事實、觀念與概念。因此著作權只能夠保護新聞記者的遣詞用字以及敘事方式，而不及於新聞報導提及的事實部分（499 U.S. 340）。美國聯邦最高法院的法官歐康諾（O'Connor）進一步指出，原創與事實的差別，在於前者是創造，而後者只是發現（499 U.S. 347）。歐康諾法官認為，對於事實的保護，應該是從防止不公平競爭的角度去思考，而不是從著作權出發（499 U.S. 354）。

　　直到目前為止，唯一進入美國聯邦最高法院的「熱點新聞挪用規則」判例是1918年的International News Service v. Associated Press（248 U.S. 215），學界對此的討論頗多（Harrison & Shelton, 2013；李國慶，2017）。Associated Press向法院申請禁制令，不讓International News Service改寫及傳送Associated Press在第一次世界大戰的報導。International News Service則主張Associated Press的財產權在新聞報導發布時就已過期。美國聯邦最高法院贊成認同Associated Press的主張，也就是新聞媒體因獲得的新聞資訊而發生了財產權，其他新聞媒體使用此一新聞資訊就是侵權。美國聯邦最高法院認為，Associated Press對其新聞報導享有的是「準財產權」（quasi property right），以避免競爭對手的搭便車行為，但是不能以此來禁止一般大眾使用新聞報導中的資訊（248 U.S. 236）。法官Pitney不認為個人或是企業可以主張擁有新聞報導的所有權（ownership），因為新聞報導只是對事實的觀察；如果International News Service是非營利組織，傳播新聞資訊也不是為了營利，Associated Press就不能申請禁制令。儘管如此，因為雙方有直接競爭關係，這就等於侵犯了財產權。美國聯邦最高法院在此案中明確區分了兩種財產權：一種是可用以對抗公眾的「完整財產權」，另一種則是用以對抗競爭對手的「準財產權」，聯邦最高法院認為原告享有後者，

卻不必然享有前者。就此而論，如果他者爲了商業目的，取用或是抄襲並且傳播了「熱點新聞」，那麼就與原告之間出現直接的競爭關係，其取用或抄襲原告之新聞報導的行爲，就構成了不正當競爭的行爲（248 U.S. 236）。這種觀點，正是從倫理而來。

二十年後，美國聯邦最高法院在1938年的判例廢棄了與前述判決相關的聯邦法源（304 U.S. 64），使得1918年原判例的意義因而大受影響。美國聯邦最高法院在1941年的判例認爲「熱點新聞」屬於州法層級（312 U.S. 457）。

在這之後的半個多世紀，「熱點新聞挪用規則」在美國司法界受到重視的程度非常有限，直到1997年美國聯邦巡迴法院針對National Basketball Association v. Motorola, Inc.一案做出判決（105 F.3d 841），才對《著作權法》與「熱點新聞挪用規則」之間的關係進行了更詳細的闡述；到了2011年，美國聯邦巡迴法院又針對Barclays Capital, Inc. v. TheFlyonthewall.com, Inc.一案做出判決（650 F.3d 876），這次判決造成的轉折更大。

聯邦巡迴法院認爲：Motorola花費自身網絡資源蒐集單純事實信息，不構成「熱點新聞」的挪用。聯邦巡迴法院指出，「熱點新聞挪用規則」是用來對抗不正當的競爭行爲，而著作權則圍繞是否侵權。《著作權法》不保護事實和思想，因此常常不能對抗新聞媒體競爭對手的搭便車行爲。聯邦巡迴法院認爲，「熱點新聞」挪用行爲將會減少業者蒐集第一手資訊的動力，最終使得公眾的知情權受到不良的影響，法律應該對於即時資訊提供保護，以鼓勵營利企業爲公眾提供資訊，如果新聞媒體花費了巨大成本蒐集到的資訊，沒有獲得任何財產權益，他們將不再蒐集這些資訊。聯邦巡迴法院還認爲，在滿足以下五項特別條件的情況之下，「熱點新聞挪用規則」可以取代《著作權法》保護新聞報導：(1)產生或蒐集資訊有其成本；(2)資訊具有時間敏感性；(3)被告使用原

告資訊的行為是搭便車；(4)被告和原告之間有直接競爭關係；(5)被告的搭便車行為將對原告生產服務或產品的動力產生負作用，使其受到實質威脅（105 F.3d 841; Harrison & Shelton, 2013）。此一「五點測試」（five-part test）在一些訴訟中被援用，原告必須提出證明（Peters, Feb, 18, 2019）。

前述判決有利於支持「熱點新聞挪用規則」，相較於此，在2011年的Barclays Capital, Inc. v. TheFlyonthewall.com, Inc.案，聯邦第二巡迴法院轉而認為，此一訴訟案應當適用《著作權法》而不是「熱點新聞挪用規則」。在此案的訴訟攻防之中，原告試圖保護他們「創造」（create）的建議，而不是其通過努力才「獲得」（acquire）的事實材料（650 F.3d 876; Harrison & Shelton, 2013）。這個判決使得「熱點新聞挪用規則」的主張遭受不少挫折，也在當年與隔年引發了許多的學術探討。

在2011年Barclays Capital, Inc. v. TheFlyonthewall.com, Inc.判決之後，至今還有一宗相關的聯邦法院訴訟案值得注意：在2014年判決的Fox News Network, LLC v. TVEyes, Inc.一案，相較於先前的訴訟主要是針對文字資訊，此案是針對電視新聞，而且聯邦法院認為：被告把原告生產的電視新聞拿來編輯並傳送給自己的訂戶屬於「公平使用」，被告也主張該公司的使用者近用這些電視新聞是為了要監控（monitor）內容，這完全不同於原告的服務對象是看（watch）內容（43 F. Supp. 3d 379）。

美國司法實務上還有許多跟新聞報導遭到侵權有關的訴訟案，不過多數都在進入聯邦巡迴法院之前就已和解，其中最常被提及的有以下這兩宗訴訟案：

法新社（AFP）在2005年向美國法院提起訴訟，宣稱Google News侵犯其著作權。Google News是2002年推出的新服務，在其網頁展示新聞的標題、導語及相關照片，由網絡爬蟲程式抓取，還提供原始出處的鏈接。不過此一訴訟案還沒等到判決，雙方就已經先行達成和解，Google

News同意向法新社支付訂閱費。

　　Associated Press在2013年控訴Meltwater，被告Meltwater也是使用網路爬蟲程式在網路上自動獲取新聞報導之後，提供摘要發送給訂戶。受理此一訴訟案的聯邦紐約南區地方法院，在判決中援用並且分析了合理使用的四點標準。合理使用是指可以不經許可、不付報酬，而使用他人作品，主要是為了在保護著作權和促進公共利益之間取得平衡。美國法院通常採取四點標準來衡量合理使用是否成立：(1)非營利屬於合理使用，否則不然；(2)作品是否為虛構以及有無公開發表過；(3)使用的數量和比例；(4)對作品價值是否造成影響。法院指出被告無法通過四點標準的(1)、(3)、(4)三點標準的檢驗，尤其是經營模式直接和原告產生競爭關係，因此剝奪了原告原本可能獲得的利益，判決被告敗訴。這是美國法院第一次明確判決新聞聚合服務業者因侵權而被訴，被告提起上訴並堅持認為這種行為有助於公共利益，不過最後雙方在訴訟案進入聯邦法院前達成和解（邵國松，2015）。

　　不少人認為「熱點新聞挪用規則」似乎越來越不被支持，仍然有人積極在訴訟中主張此一權利。在2019年2月7日，Capitol Forum這家機構引用「熱點新聞挪用規則」在美國哥倫比亞特區聯邦巡迴上訴法院，對於Bloomberg提告，控訴對方侵權使用原告提供給訂戶的政策報告並且提供摘要給被告的訂戶。其論點是否能夠獲得聯邦巡迴法院的支持，再度引發關注。

二、熱點新聞的倫理與學理

　　「熱點新聞」指的是具有新聞時效性的事實資訊。「熱點新聞挪用規則」的基礎是從倫理出發，反對商業上的不當競爭。美國聯邦貿易委員會（Federal Trade Commission, FTC）認為「熱點新聞挪用規則」應

當強調「直接競爭關係」，其主要目的是阻止被告對原告的新聞報導等努力所得的成果搭便車，FTC在2010年召集學者專家開會之後起草了一份報告，具體提出三項建議：(1)針對「熱點新聞挪用規則」推動立法；(2)對公平使用加以強制限制；(3)新聞報導可享強制授權費（FTC, 2010; Tragone, 2016）。

　　學者Tomain（2012）認為「熱點新聞挪用規則」的適用範圍應該受到以下限制：(1)不包括突發新聞；(2)不能對抗公眾而僅僅能對抗直接競爭者；(3)如果競爭者曾經進行獨立調查，則可以使用原先的新聞報導作為附帶資訊；(4)發動訴訟僅僅適用於對原告的新聞報導進行「系統性、持續性和競爭性發布」的競爭者；(5)僅對原告特定新聞報導進行偶爾評論或批評的競爭者，不應該到受此一判例的約束。

　　多位學者進一步提出具體的補充主張，包括：公共政策對此一問題的應有回應，就是透過聯邦立法，保障「熱點新聞」在有限的時間內具有排他性，以便回收投入的成本，這就是從準財產權的角度出發，把「熱點新聞挪用規則」明文規定，以保障新聞報導可以享受「有限的」獨家權利，而且立法的重點並不只是保護報紙的生存，而是任何願意投資並產出新聞報導的實體（Harrison & Shelton, 2013）；嚴格區分言論自由與新聞自由，並且明確定義何謂新聞媒體，就如同美國聯邦最高法院法官Stewart（1975）提出的定義，進而由美國憲法第一修正案出發，建立新聞媒體享有新聞自由的法理基礎，包括確立準財產權制度，以確保新聞媒體獲得應有收益，可以真正成為享有自由而且不會受到羈絆的新聞媒體（Tragone, 2016）。傳播法學者Ekstrand更斷言「熱點新聞」（hot news）在當代已經擴大變成「熱點資料」（hot data），可見此一議題必須立即獲得重視從而加緊立法，因為從數據新聞學或資料新聞學的角度來看，「熱點資料挪用規則」確實已有嚴肅思考的必要（Ekstrand, 2015）。

2011年針對Barclays Capital, Inc. v. TheFlyonthewall.com, Inc.一案的判決結果（650 F.3d 876），使得「熱點新聞挪用規則」的後續發展出現了極大的不確定性。綜合前述討論可知，美國學界對於此一議題的討論仍然相當熱烈。不少學者都認爲基於公平競爭考量的「熱點新聞挪用規則」才是拯救網路時代新聞產業的根本關鍵，並且主張應該推動立法。

必須注意的是，對於「熱點新聞挪用規則」也有學者強烈反對，他們認爲這種主張根本違反了美國《憲法》第一修正案。雖然2011年的Barclays Capital, Inc. v. TheFlyonthewall.com, Inc.一案的判決，儼然不贊成「熱點新聞挪用規則」，拒絕了把私有財產權當成解決新聞報導遭到抄襲此一問題的可能性，但是判決中卻沒有探討這是否跟美國《憲法》第一修正案有什麼關聯性（Balganesh, 2012）。

不少學者依然擔心「熱點新聞挪用規則」會限制言論自由，尤其不應該因此而合理化對於傳布「眞實資訊」（truthful information）的限制（Sherrod, 2012），因爲這也是一種事先限制言論。更有學者強調，美國聯邦最高法院過去三十年一再重申事先限制是對於美國《憲法》第一修正案最爲嚴重、也是最不能夠被容忍的侵犯，而「熱點新聞挪用規則」顯然就是一種事前限制（Tragone, 2016）。直至目前爲止，「熱點新聞挪用規則」還未曾眞正面對美國《憲法》第一修正案的嚴格司法檢驗（Peters, Feb, 18, 2019）。

綜上可知，美國司法界與學界對於新聞報導可否享有著作權與財產權的保護已有許多成果，大致上都同意新聞報導在事實的部分不能主張著作權，但是遣詞用句與敘事方式則有主張著作權的空間；至於財產權，司法實務上雖一度有「準財產權」的見解，以及衍生出「熱點新聞挪用規則」，但是因爲進入最高法院的訴訟案只有一百多年前的一宗，因此尚有進一步實踐與討論的空間，尤其此一主張到底是落實或是侵犯《憲法》第一修正案，目前仍有疑義。

相較於此，我國在《著作權法》中針對新聞報導明文規定：「下列各款不得爲著作權之標的」：「……四、單純爲傳達事實之新聞報導所作成之語文著作。」從字面意義來看，受詞爲「語文著作」，則現行著作權之標的不僅不包括新聞報導的事實部分，似乎也不包括新聞報導的遣詞用句。不過此一議題在司法實務上尙無可供參考的訴訟案，更遑論在我國的大法官會議中形成正式的釋憲案。直到目前爲止，我國學術界也罕見對於此一議題獲致的可觀研究成果，筆者在2019年5月在國家圖書館查詢篇名與關鍵詞，輸入「熱點新聞」的中、英文，結果在期刊論文與學位論文兩個系統的查詢結果，都沒有查到任何一篇論文，可見尙無直接針對此一主題的學術研究，儘管未必沒有論文提及此一概念。在中國大陸方面，目前雖有針對新聞報導抄襲的訴訟，但是尙無定讞的判決，而學術討論主要也多以美國的訴訟案爲主（邵國松，2015；李國慶，2015、2017）。

三、從新聞抄襲到網路平臺議價

美國司法實務與學術討論對於新聞報導在著作權方面的權利已有定論，就是「創造」才享有著作權，「發現」不能主張著作權。相較於此，新聞報導不能被主張所有權，但是可否主張「準財產權」，目前尙有討論空間。美國在這方面的學術討論，主要是對於司法訴訟與判決內容提出整理與詮釋，不過在學理上的探討似乎還有深化的餘地。

首先，從經濟學的角度來看，由於新聞報導有經濟學的公共財特性，因爲具有正外部性，而且不能排除他人使用、不具有排他性，因此依照經濟學的分析，其生產水準會低於市場在供需平衡時的最佳水準（Baker, 2002；賴祥蔚，2010），而同業抄襲必然會降低原生新聞報導的誘因，這就構成重要的倫理課題。想要主張透過賦予新聞報導準財產

權以及落實由此衍生的「熱點新聞挪用規則」，必須從經濟學找到更堅強的倫理論述基礎，才能藉由將財產權明確化，以便將新聞報導的正外部性予以內部化，保障新聞媒體的應有收益。

在這方面的學理論述，包括了知名的諾貝爾經濟學獎得主Coase（1988／陳坤銘、李華夏譯，1995），以及透過媒介經濟學探討言論自由相關政策的公法學者Baker（2002），先後已有許多探討，未來分析途徑可以借重探討法律規定對於社會經濟效益影響的法律經濟學派，提出法律規定的經濟分析，甚至是實證研究，以此論證是否應該賦予新聞報導「準財產權」及其社會經濟效益。在此一基礎上，「熱點新聞挪用規則」的若干具體內涵，包括新聞報導享有準財產權的適用主體、對抗對象以及時間長短等，才能有更多討論。

其次，賦予新聞報導準財產權，究竟是保障新聞媒體的新聞自由，還是限制同業的新聞自由？此一倫理面向的討論固然有其價值選擇上取捨，但是還是必須立基於前述法律經濟學的分析基礎上，才不會流於空談。從取捨價值來看，文學與影音創作受到著作權保護，具有財產權的性質，在一定期限之內，他人未經授權不得隨意抄襲盜用，這一點幾乎已無疑義，只有少數的學者反對此一制度，認為這種保護不利於資訊流通、侵害他人自由（de Laat, 2005）。既然如此，新聞報導享有準財產權，未必違反《憲法》對言論自由與新聞自由的保障，相關討論如有前述的經濟學理以及實證研究支持，可以證明有助於更多優質新聞報導的產出、也有利於新聞媒體的生存，更可強化《憲法》學理的論述。

從不當競爭的經濟學切入新聞的取用或抄襲，對於倫理議題提供了很有意義的思考角度。如前所述，新聞遭到取用有兩種主要方式：AI取用與人力取用。過去幾十年的爭議與討論主要是在人力取用，但是網路平臺新聞議價議題涉及的是AI取用，這是新的發展，而且殺傷力更大，危及新聞業者的生存。澳洲開始透過強制立法，要求網路平臺必須付費

才能使用當地新聞，已經形成一股全球運動，我國也正在積極爭取。然而，此一爭取涉及的倫理、學理與法規基礎，相關討論仍不多見，或許可以從前述的不當競爭切入，更加可以正當化新聞議題此一運動。

四、我國新聞媒體主管的認知與態度

臺灣的新聞抄襲也相當嚴重，我國新聞媒體高層主管對於此一議題的認知如何，值得探討。透過深度訪談法（in-depth interview），瞭解新聞媒體高階主管對於此一議題的認知與態度，包括對新聞報導的著作權與財產權以及「熱點新聞挪用規則」之認知，以及遭遇同業抄襲時會採取什麼因應之道。

相較於美國等國家常有涉及新聞媒體侵權的訴訟案，我國的新聞媒體相互侵權的情況雖然也時有所聞，卻罕見相關訴訟案。現有的新聞報導抄襲情況，主要是報紙與雜誌的原創文字報導被抄襲為主。基於此，筆者訪談三位資深新聞人出身的高階主管，第一位曾任臺灣四大報之一的副社長，該報社推出電子報已久，新聞報導常被同業抄襲；第二位曾任臺灣發行量最大之新聞週刊的社長，該週刊每次出刊，立刻被各大新聞媒體大幅「引用」；第三位為臺灣知名新聞週刊的總編輯。前兩場深度訪談時，澳洲政府尚未透過立法去強制臉書進行付費談判，訪談時間分別是在2018年6月8日的下午五時，以及2018年6月27日的下午四時，訪談時間各為三十分鐘；第三場訪談則是因為2021年這一年，澳洲立法強制臉書等網路平臺談判付費，法國也對谷歌此一平臺的龍頭業者開罰，整體情勢出現重大變化，因此增加一場深度訪談，時間為2021年9月15日下午四時至五時，訪談時間為一小時。

在2018年的訪談，兩大新聞媒體的高階主管都苦於原創的新聞報導遭到抄襲，而且已經到了習以為常的地步。報社副社長指出：「我們

報社的新聞報導被同業抄襲，幾乎是每天都會發生的事。」週刊社長則說：「每次只要一出刊，各大報的電子報與網路新聞媒體就立刻大篇幅引述，連各大電視新聞臺也經常直接就照著我們週刊的報導內容念。」

　　兩位高階主管都認為新聞報導遭到同業抄襲，這當然是不對的事。報社副社長認為：「我們記者的新聞報導，同業直接拿去抄，一點都不客氣。」但是過去與現在也有差別：「以前遮遮掩掩改寫，提都不提新聞來源，現在則是會大大方方說根據某報的報導，然後就幾乎全文照抄了。」所謂全文照抄，抄襲的幅度到底有多大？「八成以上的內容都一模一樣，偶爾會移動一下段落。」「我們的記者採訪加寫稿花了好幾個小時，他們直接複製貼上，花不到兩分鐘。」更令人感嘆的是：「有的時候他們不只抄我們的新聞，還換上一個比較聳動的標題，反正語不驚人死不休，結果點擊率還比我們的新聞高。」儘管現在是更明顯的抄襲，報社卻覺得反而是有好處，「最起碼會說是根據本報報導，把該給的credit還給我們。」週刊社長則說：「如果同業引用的是我們週刊主動提供的內容，那沒問題。」主動發送新聞報導的摘要，這其實是週刊剛開始進入市場時為了行銷的必要配合，「但是後來都是直接就大幅『引用』，這對於週刊銷售當然會有不好的影響。」畢竟週刊賣的就是具有獨家內幕性質的新聞報導，當「讀者在網路上都看完了完整故事，購買週刊的意願就降低了。」從訪談內容可以清楚得知，抄襲對於新聞媒體的經營有極大的負面影響，不只搶走點擊率與購買的讀者，也造成了同業之間的不當競爭。

　　身處這種新聞報導經常遭到嚴重抄襲的環境之中，兩位高階主管卻都不認為真正採取訴訟會是保護權利的因應策略之一，報社副社長說：「就我的瞭解，《著作權法》不太保障新聞報導。」在該報社內部，不只副社長的認知如此，其他人也是。副社長說：「我們開會時，從來沒有討論過這件事。」報社內部雖然有專業的法律顧問，但是「就我印象

所及，報社的法律顧問從來沒有提供這方面的建議。」對於捍衛自己報社新聞報導的著作權，副社長直言：「我們當然不喜歡被同業抄襲，但是報社沒有考慮過提起訴訟。」對此，週刊社長則說：「對於太過分的抄襲情況，我們通常會主動向對方『打招呼』，提醒對方如果不改善，我們會採取必要的法律行動。」週刊可能會採取什麼樣的法律行動？社長表示：「往往對方收到通知之後都會有善意的回應，所以過去還沒有真的因為新聞報導被同業抄襲而提起訴訟。」所謂的善意回應，週刊社長說，包括減少引用的幅度，以及清楚標明資訊的來源是該週刊，以便增加該週刊的曝光與行銷效果，或是最少不要影響紙本週刊的銷售。如果真有必要，要採取法律行動以捍衛著作權，會怎麼進行？週刊社長坦承：「從來沒有認真討論過。」

　　明顯可知，認知影響態度，進而影響行為。在兩位新聞媒體高階主管的認知中，我國的《著作權法》，對於新聞報導的保護程度，其實非常有限，這是他們沒有考慮進行訴訟的重要原因。

　　對於著作權保障的認知與態度如此，至於財產權與其衍生的「熱點新聞挪用規則」，兩位新聞媒體的高階主管都表示雖然大概知道這個概念，但是實際的瞭解並不是很多。兩位新聞主管的回覆實屬正常，因為即便在我國的學術界，也幾乎沒有學者撰寫嚴謹的學術論文，甚或是一般性文章，對於此一概念進行探討或是介紹。既然如此，難怪實務界的新聞媒體高階主管不太會根據財產權或是其衍生的「熱點新聞挪用規則」此一面向，去積極思考有沒有可能從中找到對付同業抄襲的因應策略。

　　然而，隨著2021年澳洲與法國先後主張網路平臺應該合理付費給提供內容的新聞媒體，並引發全球關注，社會的認知氛圍已經頗有改變。2021年接受深度訪問的雜誌總編輯，在認知與態度上都與先前訪談結果出現顯然的不同，他明確指出：「針對其他新聞媒體抄襲我們的新聞報

導，公司法務已經提出了好幾件訴訟，目前都在進行司法程序中。我們週刊提出訴訟之後，其他媒體抄襲新聞報導的情況已有改善。還沒等到開庭或是判決，其他媒體就收斂很多。」週刊總編輯表示，不只是他的認知如此，週刊對新聞報導著作權的整體立場都很強硬，應該提告就直接提告。週刊總編輯記得從2020年至今已有好幾起訴訟，具體細節包括引用法條或是學理等等，則是由週刊的法務人員處理。

對於廣受矚目的網路平臺應該合理付費使用新聞媒體內容的議題，週刊總編輯也樂觀其成，也認為這更強化了他對於新聞報導享有著作權的認知；但是他認為真的要像網路平臺爭取付費，「應該像澳洲一樣，由國家出面幫忙爭取網路平臺的合理付費，這樣才容易看到成效。」他對於著作權以及衍生的「新聞熱點原則」略有所聞，謙稱實際的瞭解不太多，但是很願意請該週刊提供訴訟資料，以供學術研究之用，期待可以透過與學界的交流，加強著作權與財產權等方面的論述。

五、結語

法國與澳洲接連對抗網路巨擘，高度有助於爭取網路平臺的付費使用新聞內容。從法規來看，對於新聞媒體應享的權利，美國是立基於著作權與財產權兩個面向：新聞報導得以主張著作權的部分，主要是針對遣詞用句與敘事方式，不包括事實資訊的部分；至於新聞報導的財產權，則尚未形成穩定的司法判例與學術共識，大概分成兩種主張，一派認為可以推動立法以保障新聞報導的應有權利，幫助新聞媒體獲取應得的收益，但是另一派則質疑讓新聞媒體把新聞報導享有財產權或是準財產權，這限制了其他新聞媒體對該事實資訊的使用，因此可能違反了《憲法》第一修正案：不得立法侵害言論與新聞自由。

儘管美國已有不少學術探討，但是主要是回顧相關訴訟案並提出分

析，罕見從倫理面向進行探討，也很少結合法律經濟學等領域，深入探討並強化不當競爭等方面的倫理論述；相較之下，法國與澳洲在此一議題上對抗網路平臺雖已獲得可觀的具體進展，卻沒有提出具有深度的學理主張，這應該是未來學界可以深化研究的方向。

我國《著作權法》是否如同美國只是不能夠適用於新聞報導的事實部分，還是連同敘事文字等「語文著作」都不得主張著作權？這個方面還有討論空間，但是透過訪問報社副社長與週刊社長的內容來看，受訪者都認為抄襲違反新聞競爭的倫理，但是似乎不認為我國《著作權法》明確保障新聞報導不被抄襲，不論是事實資訊的部分或是敘事方式的部分皆然，因此面對同業經常大篇幅抄襲，只能無奈接受。新聞報導被抄襲的現象在我國極為普遍，確實造成了被侵權新聞媒體在經營上的嚴重困擾。可惜司法實務以及學術研究對於此一主題都欠缺足夠的關注，有待積極耕耘。對於概念已經相當普及的著作權都如此，相較之下，財產權與衍生的「熱點新聞挪用規則」，在司法與學術研究各方面都嚴重欠缺關注，新聞媒體的高階主管不免罕能從此一角度去主張應有權利。2021年之後，澳洲與法國等國家主動出擊，爭取網路平臺使用新聞報導應該透過談判以合理付費，使得新聞報導著作權的議題受到關注，2021年受訪的週刊總編輯就強烈主張新聞報導有著作權，不願意被抄襲，該週刊也試圖透過提告以積極捍衛自身權利，而且早在2020年就進行訴訟，不是在澳洲立法管制網路平臺付費的新聞被看見之後。

目前爭取網路平臺使用各地新聞媒體的內容應該要付費使用，此一發展的普遍國際化，有助於此一議題的討論，包括訴訟雙方攻防的論述，以及法院的裁判內容，應該都能深化新聞報導在享有著作權與財產權等方面的研究與討論，在此同時，也應該結合法律經濟學，從競爭的倫理面向出發，讓新聞媒體的辛勤採訪報導可以獲得應有的保障。

參考書目

李國慶（2015）。〈論新聞報導之著作權法與反不正當競爭法保護〉，《知識產權》，6：53-60。

李國慶（2017）。〈美國新聞報導的反不正當競爭法保護及啓示〉，《知識產權》，6：99-104。

邵國松（2015）。〈新聞聚合的版權問題研究〉，《南京社會科學》，5：90-97。

陳坤銘、李華夏譯（1995）《廠商、市場與法律》。台北：遠流。（原書 Coase, R. H. [1988]. *The Firm, the Market, and the Law*. Chicago and London: The University of Chicago Press.）

賴祥蔚（2010）。〈媒介經濟學的特性與政策回應〉，《中華傳播學刊》，18：267-278。

賴祥蔚（2022）。〈網路平臺付費使用新聞報導的理論基礎〉，《視聽傳播》，52：171-186。

Altheide, D. & Schneider, C. (2013). *Qualitative Media Analysis*. Thousand Oaks: SAGE Publications, Inc.

Baker, E. (2002). *Media, Market and Democracy*. New York: Oxford University Press.

Balganesh, S. (2011). "Hot News": The Enduring Myth of Property in News. *Columbia Law Review*, *111*: 419-497.

Balganesh, S. (2012). The Uncertain Future of "Hot News" Misappropriation after Barclays Capital v. Theflyonthewall.com. *Columbia Law Review, 112*: 134-146.

de Laat, Paul B. (2005). Copyright or copyleft? : An analysis of property regimes for software development. *Research Policy*, *34*: 1511-1532.

Electronic Frontier Foundation (June 22, 2010). "'Hot News' Doctrine Could Stifle

Online Commentary and Criticism: EFF Urges Appeals Court to Tackle Critical First Amendment Questions." https://www.eff.org/press/archives/2010/06/22.

Ekstrand, V. S. (2015). *Hot News in the Age of Big Data: A Legal History of the Hot News Doctrine and Implications for the Digital Age*. El Paso, Tex.: LFB Scholarly Publishing LLC.

Federal Trade Commission (2010). *Potential Policy Recommendations to Support the Reinvention of Journalism*. https://www.ftc.gov/sites/default/files/ documents/public_events/how-will-journalism-survive-internet-age/new-staff-discussion.pdf.

Harrison, Jeffrey L. & Shelton, Robyn (2013), Deconstructing and Reconstructing Hot News: Toward a Functional Approach, *34 Cardozo L. Rev*. 1649-1692.

Peters, J. (Feb, 18, 2019). Case against Bloomberg a rare one under "hot news" doctrine. *Columbia Journalism Review*. https://www.cjr.org/united_ states_project/hot-news-lawsuit-bloomberg.php.

Sherrod, H. (2012). The "Hot News" Doctrine: It's Not 1918 Anymore-Why the "Hot News" Doctrine Shouldn't Be Used to Save Newspapers. *Houston Law Review*, *46*(5): 1205-1240.

Stewart, P. (1975). Or of the Press. *Hastings Law Journal*, *26*: 631-637.

Tomain, Joseph A. (2012). First Amendment, Fourth Estate, and Hot News: Misappropriation Is Not a Solution to the Journalism Crisis. *Mich. St. Law Review*, 769-833.

Tragone, A. (2016). Defining the Press Clause: The End of Hot News and the Attempt to Save Traditional Media. *Chicago-Kent Journal of Intellectual Property*, *15*(1): 237 -259.

網路平臺問責機制的倫理與法規

賴祥蔚

臺灣藝術大學廣播電視學系教授

- 前言
- 歐盟《數位服務法套案》的分析
- 我國立法思維的檢視
- 結語

第一節　前言

　　在當今的網路時代，許多人都依賴社交媒體、購物網站等各種數位平臺而與外在世界互動。數位平臺對使用者提供的資訊到底負有什麼責任，已經成為最新的倫理與法律議題。舉例來說，如何因應假訊息、詐騙以及仇恨言論帶來的挑戰，這就是當前全世界都關心的重要議題，這不僅涉及了網路時代數位平臺的倫理與責任，更有法律層面的挑戰。

　　為了落實倫理並從法律面進行因應，歐盟在2020年提出了《數位服務法套案》（Digital Services Act Package），並在2022年7月5日，通過了其中的《數位服務法》（Digital Services Act, DSA），以及《數位市場法》（Digital Markets Act, DMA）等法案，引發舉世關注。這些新法在《歐盟官方公報》（*EU Official Journal*）發布二十天後生效，其中，DSA在生效的十五個月之後，或是在2024年的1月1日開始執行；DMA則在生效六個月後開始執行。

　　在立法通過之前，各界對歐盟會如何規管網路平臺以打擊假訊息等各個面向的討論已經相當多，直接鎖定DSA草案內容深入探討的研究也很可觀（Buri & Hoboken, 2021）；歐盟立法正式通過之後，引發更多的討論與研究（Chiarella, 2023; Papaevangelou, 2023）。

　　歐盟為什麼要推動包括DSA及DMA等在內的《數位服務法律套案》？主要是要因應網路時代的新挑戰，包括假訊息、詐騙以及仇恨言論等，所以不只從倫理面向期待網路業者自律並落實消費者保護，更以法規推動落實。值得注意的是，雖然這是歐盟立法，但是依其內容，所有網路企業不管是否設籍在歐盟境內，只要服務的對象包括了歐盟境內的成員，就會受到前述法律的管轄，法案的實際效力因此涵蓋了全世

界。事實上，當前提供全球服務的世界級網路巨擘，主要都不是設籍在歐盟境內。

　　《數位服務法套案》的DSA與DMA等草案公布之後，就對世界各國產生不少影響，我國在2022年提出的《數位中介服務法》草案，也被認為是受其影響。該草案在當年雖未通過，卻絕非胎死腹中，其立法思維值得加以檢視。本文試圖比較歐盟《數位服務法套案》與我國的立法思維，主要規管對象有何不同以及實際影響如何，以呈現歐盟法案與我國草案在立法意旨與實際應用上是否有所差異，並以金融不實訊息為例，檢視《數位中介服務法》草案相關條文的可行性。本文原發表於東吳大學法學院法律學系2022年「數位時代下產業公平競爭與消費者保護研討會」，改寫後發表於《教育暨資訊科技法學評論》第10期（賴祥蔚，2023），經再次改寫並增補新資料而成。

第二節　歐盟《數位服務法套案》的分析

一、《數位服務法套案》的規管典範

　　歐盟對於網路的規管立場，在過去的幾十年產生了典範轉移，不再是高度的自由主義。

　　回顧來看，原先歐盟規範數位市場所根據採取的法規，是早在2000年就已經生效的《電子商務指令》（e-Commerce Directive）。但是二十年來已經越來越不符所需，所以歐盟執委會主席烏蘇拉・馮德萊恩（Ursula von der Leyen）在2019年上任，2020年就提出了《數位服務法套案》，包括前述的DSA與DMA兩法案。

歐盟執委會主席馮德萊恩認為，DSA將會確保線上環境的安全，保護表達自由與數位商業的機會；也會為「凡是線下非法的，線上就應該是非法」的這個原則，帶來實際的效果。「線上平臺的規模越大，責任也就越大。」

　　歐盟在官網提供的正式文件也引述其「內部市場委員」Thierry Breton的見解：「有了DSA，大型線上平臺所作所為『大到不能管』的時代，即將邁向終點。」

　　儘管歐盟《數位服務法套案》的立法，有其用意良善的立論基礎，受到許多人的關切與期待；但是在此同時，也有民權人士明確表達強烈的反對意見，例如知名的電子前哨基金會（Electronic Frontier Foundation, EFF）就認為DSA要求網路企業來承擔許多責任，這根本是「不可能的任務」。歐盟前述法案在2022年7月5日立法通過，不到兩個星期之後，EFF在7月28日宣布「數位服務法人權聯盟」（The Digital Services Act Human Rights Alliance）成立，希望促使歐盟在規管網路平臺時，必須採取人權本位的途徑（human rights based approach）。知名作家、民權人士Cory Doctorow在2021年就已經撰寫反對的文章，強力批評這種法律，可能會造成「網際網路」（internet）變成「過濾網路」（filternet）。Doctorow這篇文章從人權的基礎出發，強力批評DSA，長時間被登在EFF的官網，高度被世界各國抱持相同立場的人士引用，文章的題目相當旗幟鮮明，甚至相當有畫龍點睛的效果：〈歐洲的數位服務法：處在與人權碰撞的航線之上〉（Europe's Digital Services Act: On a Collision Course With Human Rights）。

　　整體而言，反對歐盟《數位服務法套案》的論點，主要是認為諸如打擊違法、保護消費者等工作，都應該是國家的責任，不該將這種責任轉移給網路平臺等機構，以免非官方的網路機構，變成沒有民主基礎的準司法機構，甚至變成政府用來管控不同意見的工具。

歐盟當前的《數位服務法套案》等法案的精神，被認為出現了典範移轉的情況，是從高度的自由主義，轉向了「歐洲數位憲政主義」（European digital constitutionalism），也就是如同以《憲法》約束政府權力的憲政主義一樣，要限制網路巨擘的權力，特別是避免權力的集中，以保護民眾的基本權利（Gregorio, 2021; Chiarella, 2023）。基於此一考量，加上網路的特性，DSA因此在網路平臺的治理上引入了民眾的角色，讓民眾得以參與其中（Papaevangelou, 2023）。在此同時，DMA也是從保護民眾的角度出發，要確保數位市場的安全、公平以及存在競爭（Moskal, 2022）[1]。

　　具體來看，DSA的精神在於強調實體社會的違法行為，在網路也違法，因此禁止網路業者助長非法內容、不實資訊或是其他詐欺商品的傳播，禁止針對兒童的鎖定式廣告，也禁止基於個人隱私資料的廣告。除此之外，DSA要求網路平臺在收到非法內容的投訴後，必須採取行動，包含移除非法內容，以及確保網路平臺上的商品如有問題，消費者得以求償。

二、《數位服務法套案》的規管對象

　　必須指出的是，《數位服務法套案》有特別關注的規管對象，DSA特別針對的是「超大型網路平臺」（very large online platforms, VLOPs）與「超大型搜尋引擎」（very large online search engines, VLOSEs）；而且具體定義「超大型網路平臺」指的是用戶超過4,500萬人，這是歐盟總人口4.5億人的10%，此一分母還不包括在2020年公投脫離歐盟的英國人

---

[1]Moskal, A. (2022). Digital Markets Act (DMA): A Consumer Protection Perspective. *European Papers, 7* (3), 1113-1119.

口6,700萬人。

至於DMA特別要規管的對象,則是具有「守門員」(gatekeeper)影響力的網路平臺,也就是在企業透過網路與消費者互動時,具有把關能力的網路平臺。DMA對「守門員」對象的規管也採取類同DSA的高標準,符合其規管的對象門檻,具體只針對在歐洲經濟區域(EEA)具有顯著的影響,其標準爲過去三年在EEA的年營業額超過了六十五億歐元,或是前一年的市值達到六百五十億歐元,而且至少在三個歐盟的成員國都有提供服務的大型企業;每個月的活躍用戶數,也要達到4,500萬人,也就是歐盟人口的10%。前述的門檻並不是固定不變,而是可以由歐盟執委會依據最新的市場調查結果隨時予以更新,而且可以採取個案認定。

從理論上來說,越大型的網路平臺,越有責任與能力去遏阻網路上的不法內容,所以這些網路平臺有義務要建立適合的機制,讓使用者可以輕易標注非法內容,網路平臺業者也應該與舉報者合作,進而移除線上的非法內容、商品或服務,以及仇恨言論;還要增加可以回溯內容的新辦法,以免出現交易糾紛時難以追查賣家,造成消費者無法究責,或是求償無門;大型網路平臺也要避免其數據遭到濫用;更重要的是,推動透明化,包括規定網路平臺要說明演算法運作原理,還要讓法務及研究人員可以獲取平臺數據。

在罰則的部分,DSA授權歐盟委員會對超大型的網路平臺進行調查、審核、約訪以及前往檢查,還可以暫時處分;違反DSA,最高得處年收入或營業額6%的罰款;至於DMA,則是授權得處最高營業額10%的罰款;再犯的罰款,最高爲年度營收的20%。

由上可知,DSA主要關切的是非常大型的線上服務,具體定義爲擁有歐盟總人口之10%以上的用戶數,亦即用戶超過4,500萬人;而DMA設立年營業額與市值的高門檻,兩項立法都是鎖定幾家最主要的國際網路

巨擘。

　　姑且不論10%的依據有什麼學理基礎，實際來看，有可能符合條件的網路業者，主要包括臉書（母公司為Meta）、Google、Amazon、Twitter、TikTok等世界級的網路超級巨擘。尤其必須指出的是，前述這些世界級的網路超級巨擘，對歐洲來講，都是來自境外的業者。由此可知，雖然DSA與DMA等《數位服務法套案》沒有強調針對境外網路平臺，但是前述門檻在實際上已經具有只針對境外網路巨擘的效果。

第三節　我國立法思維的檢視

一、我國立法思維的規管對象

　　我國受到歐盟影響的立法思維，可以參考國家通訊傳播委員會（National Communications Commission, NCC）2022年的《數位中介服務法》草案，以此為案例進行檢視，以供後續立法的參考。

　　在〈數位中介服務法草案總說明〉裏，開宗明義就特別強調：「國際上普遍認為連線服務與線上平臺服務提供者等數位中介服務，具備重要『守門人』（gatekeeper）特性，認為應針對數位中介服務之行為加以規範，以達成建立安全可信賴之網際網路環境之效益；另一方面，考量違法內容藉由數位中介服務傳播對社會造成之影響力，提供此類服務者宜負有一定社會責任。」NCC更進一步強調，這就是「平臺問責」：「數位中介服務提供者範疇之『平臺問責』（platform accountability）概念隨之誕生。」

　　NCC指出：「本草案奠基於前開理念，在維護數位中介服務提供

者提供服務之自由及國民基本權利之前提下，為其建立安全港（safe harbor）機制。」

NCC的前述主張，頗有呼應歐盟DSA的意味，在〈總說明〉確實也提到了：「線上平臺服務提供者之商業模式具有規模大者恆大之傾向，有提升系統性風險之可能。」

然而，DSA是針對有效使用人口達10%的網路平臺，分母是歐盟人口4.5億人（不包括英國的6,700萬人口）的10%，也就是4,500萬人。由此可見，歐盟實際鎖定的線上平臺，具有非常可觀的規模，而且真正的目標就是國際網路巨擘，而不是本土的小型網路業者。

我國《數位中介服務法》草案的規管對象，根據第4條的定義：「於中華民國領域內設立商業據點」，或是實質上：「以中華民國領域市場為主要商業活動之市場」。進一步來看，特別關注、並且要課以「特別義務」的「指定線上平臺服務提供者」，則是第32條具體指出的：「於中華民國領域內之有效使用者數量達二百三十萬人者，主管機關得公告為指定線上平臺服務提供者。」

前述這個在我國的使用者達到230萬人的數字，大約是中華民國臺灣地區總人口2,300萬人的10%。形式上，雖然也是效法歐盟DSA，但是在實際效果上恐怕截然不同。如前所述，歐盟DSA實際鎖定的網路平臺業者，主要幾乎都是境外業者，相較之下，臺灣如果用2,300萬人的10%當門檻，幾乎稍有規模的本土網路平臺業者，都會成為「指定線上平臺服務提供者」，這不只比歐盟DSA嚴格了不只十多倍，而且方向也完全不一樣了，因為實質上歐盟是針對境外的網路平臺業者，而《數位中介服務法》草案則納入了境內的主要網路平臺業者。

《數位中介服務法》草案把網路業者區分成了三種：連線服務、快速存取服務，以及資訊儲存服務。這也是參考歐盟的DSA，以下簡單舉例說明：第一種是連線服務提供者（mere conduit）：例如中華電信的寬

頻上網，或是行動通訊業者提供的上網服務。第二種是快速存取服務提供者（caching）：例如So-net以及Seednet等，爲了加速資訊的取得，提供中介或暫時儲存資訊服務的網路業者。第三種則是資訊儲存服務提供者（hosting）：例如YouTube、臉書、PChome等提供網友存放訊息的網路業者。

　　進一步再細論，《數位中介服務法》草案裏有幾項條文特別值得分析，以下分別討論：

　　第6條揭櫫了：「數位中介服務提供者對其傳輸或儲存資訊，不負主動調查或監控違法活動之義務。但其他法律另有規定者，不在此限。」

　　第8條規定：「數位中介服務提供者應依法善盡隱私保護及資通安全管理責任，建立符合其服務所需之相關防護機制。」

　　乍看之下這兩條只要求業者保護隱私以及資訊安全，沒有另外賦予其他義務。但是如果參看第11條，或許就有一些討論的空間了。

　　第11條規定：「資訊儲存服務提供者，有下列情形者，對儲存其使用者要求且提供之資訊，不負民事及刑事責任：一、對涉嫌違法之內容不知悉，且於他人請求損害賠償時，依顯示之事實，亦不能察覺該內容爲明顯違法。二、知悉涉違法內容後，立即移除該資訊或限制其接取。」

　　就此而論，網路業者對於平臺上面的「涉嫌」違法內容，原則上是不負責任的；但是依前述條文內容可以反向推論：如果已經知悉內容「涉嫌違法」而沒有立即移除資訊或限制接取，那就有民事及刑事責任了。問題在於，要求網路業者都能判斷上面的內容是否違法，這是不是太強人所難？畢竟有時候是否違法，就算訴諸司法，也要曠日廢時才能釐清。在這種情況下，網路業者一旦獲得舉報平臺上的某些內容「涉嫌」非法，就要「立即」處理，否則就可能有民事及刑事責任。試問，

網路平臺以後遇到舉報涉嫌非法內容，會不會直接下架以免惹來民事與刑事責任？這樣的寒蟬效應，雖然可能不是立法者的原意，卻很可能是立法的後果，豈可不慎？

第15條規定：「數位中介服務提供者應以清晰易於理解之方式公告服務使用條款。前項服務使用條款應包括內容自律之政策、程序、措施及工具，包含透過演算法或人工檢視等針對使用者所提供資訊之限制。」這也是參照DSA的精神，但歐盟立法原意是針對國際網路巨擘。

第17至21條訴諸司法，基本上符合法治精神。其中的「暫時加註警示」處分，雖然也有人不表贊成，但尚符合民主社會多元表達之精神。值得注意的是如果草案立法通過，在實務上，會不會出現「警示」無所不在的情形，甚至變成另類的政府宣傳訊息，這一點有待進一步討論。

第27條接著規定：「使用者反覆提供明顯之違法內容，線上平臺服務提供者應予警告；仍未改善者，線上平臺服務提供者應定合理期間，暫停其服務。」這個條文乍看之下沒有問題，但是就如前述的第11條，網路平臺是否真的具有審視內容合法性的能力與正當性？畢竟現在這個社會眾聲喧嘩，某些人認定不適當的內容，未必就是違法。如果有特定人士甚至是團體，針對他們不喜歡的內容，到處檢舉、一再檢舉，主張這些就是違法內容。面對此一情況，網路平臺又該如何處置？根據這個條文，直接暫停被檢舉者的服務嗎？如此一來，很可能一不小心就限縮了網路平臺上的言論自由。但是如果網路平臺不予處理，又會陷入草案第11條知悉卻不處理而必須負擔民事及刑事責任的風險。

二、金融不實訊息的討論案例

在新聞傳播學界有「魔彈理論」（magic bullet theory），認為傳播媒介對於閱聽眾的刺激，有如魔彈入腦，對閱聽眾大有影響；也有學者

認為媒介訊息有如皮下注射，對閱聽眾可以迅速生效，所以又稱為「皮下注射理論」。有批評者主張，現在閱聽眾未必全然相信媒介訊息，所以「魔彈理論」或是「皮下注射模式」（hypodermic model）已經過時。

事實上，這要看媒介訊息的發生場域，如果是發生在股票等金融市場，許多案例都已證明，「魔彈理論」或是「皮下注射理論」還是有很立竿見影的效果。本文在此試圖以金融不實訊息是否違反《證券交易法》為例，探討我國的《數位中介服務法》草案如果立法通過，可能如何應用。

在此必須先說明，由於《數位中介服務法》草案條文特別提到民事及刑事責任，這與《證券交易法》是否有直接關係？先前研究指出，我國針對金融不實訊息的規管，是依據《證券交易法》第20條第2項的規定，此一條文是在1988年新增，目的是讓民事求償能有法源基礎；進一步檢視，金融不實訊息的犯罪行為，乃是因為涉及對證券市場經濟秩序的干擾與破壞，所以屬於金融犯罪或是經濟犯罪，對這種犯罪的規管，屬於經濟刑法的範疇，被歸類為「核心刑法」之外的「附屬刑法」（李永瑞，2013；林東茂，1995）。先前的學術文獻對於金融不實訊息的研究主要在於民事責任，最近幾年則對金融不實訊息是否違反《證券交易法》有比較多訴訟個案的討論。

《自由時報》2022年7月8日報導〈追查股市不實訊息 調查局今同步執行19案〉提及：法務部調查局「動員臺北市調查處、新北市調查處、桃園市調查處、臺南市調查處、中部地區機動工作站及基隆市調查站等外勤處站，同步執行十九案，約談投顧老師等身分共二十三人、搜索四處所，並扣押會員名冊等資料。調查局表示，將持續釐清到案對象是否刻意誤導投資人意向，影響股市交易秩序，以遏止不實訊息妨害股市穩定。」

四天後，《工商時報》2022年7月12日又報導〈勿輕信市場謠言或不實資訊 證交所籲審慎判斷投資訊息〉，報導內文提到：金管會發現有不少所謂的「股市名嘴」，會透過網路社群、電視節目等管道，散布空方消息以打壓特定股票的股價；除了金管會，法務部調查局也展開全國性的查緝「股市禿鷹」行動，針對可疑的股友社、股市老師以及所謂的「名嘴」等，依照違反《證券交易法》以及《證券投資信託及顧問法》進行偵辦。證交所受訪時特意呼籲投資人，應該理性因應股市的漲跌。證交所分析指出，「投資人都希望能在股市投資順利，但隨著市場行情波動，投資有賺有賠，尤其在股市波動大時，投資人容易因缺乏信心，受到市場流言影響而誤判情勢。」媒體報導引述證交所受訪意見指出：「會持續強化市場監視作業，如發現有人意圖透過相關管道傳播不實消息，影響股市正常運作，或有其他明顯異常情事，都將依法辦理。」

　　根據前述的新聞報導，股市等金融市場的不實資訊，不但影響很大，而且也引起主管機關的高度關注。甚至有分析者認為，在投資理財上，利用媒體發布假新聞製造利多或是利空的消息，一直層出不窮。到了網路時代，資訊高度發達，卻沒有完全杜絕假訊息或是假新聞的影響，反而在網路社群與即時通訊軟體的推波助瀾之下，有可能衝擊更快、影響更為厲害。

　　2018年有新聞報導提及，有假訊息透過LINE群組，用某媒體過去的新聞冒名杜撰「國巨擬每股十五元公開收購中環光電」等不實訊息。當時金管會在接受媒體訪問時，特別根據罰則強調：「最重可處三年以上、十年以下有期徒刑，並可併科一千萬元以上、二億元以下罰金。」

　　再往前看，《工商時報》2008年11月26日報導〈臺新禿鷹案 金管會逮到元兇〉，略述上市金融控股公司遭人於「電子布告欄系統」（Bulletin Board System, BBS）留言，指該公司因資金不足即將遭政府接管。此一不實消息被傳開之後，該金控公司的股價立即爆量下殺跌停，

不只導致存款大量流失，該公司的商譽也受到重創。

　　檢視許多新聞報導可知，每次有利空的謠言或流言，股市或特定股票大多就會應聲下跌，然後又漲。由此可見，「魔彈理論」或是「皮下注射模式」仍然有一定的解釋力。

　　前述這種故意散布流言或是不實資料來影響股價的方式，研究者認為是屬於「非交易型的操縱方式」，也就是所謂「資訊型」（information-based）的操縱行為，就是藉由資訊發布而試圖影響股市表現，進而獲取不法的利益（張天一，2008）。發布這樣的不實資訊，涉嫌違反了《證券交易法》第155條的規定。對於這種假訊息，依據《數位中介服務法》草案，如有人發現網路平臺上出現涉嫌違反《證券交易法》第155條的不實炒股訊息，進而提出檢舉，網路平臺是否應該立即認定而移除？否則可能會有民事及刑事責任。問題是，網路平臺業者是否有辦法認定類此訊息是否確實違法？臺灣證券交易所2010年的專題研究報告就指出，適用《證券交易法》第155條而定罪的實際案例，其實極少（臺灣證券交易所監視部，2010，張益輔，2011）。

　　前述研究指出，不易適用《證券交易法》第155條而定罪，主要的原因在於：涉案的行為人如果在散布不實資料的時候，已經明知其內容為不真實而仍然散布於眾，這種不實資訊在違法的認定上，比較不會有爭議。相反地，如果是「流言」，大多屬於現在已經發生，或是可能發生，但是未經證實，或是根本無從證實，例如公司負責人因為住院或是年老，而被傳出健康與判斷力出現問題；或是尚未發生而無法確定，例如推論美國「矽谷銀行」（SVB）2023年的突然倒閉，可能影響美國聯準會的升息政策，而且可能連帶波及臺灣的新創公司或是整體的金融秩序，因而衝擊股市；或是分析預言俄羅斯與烏克蘭的軍事衝突有機會很快就結束，所以將會進一步緩解能源供應的問題，有助於全球經濟的復甦，進而拉抬金融機構的海外投資獲利。前述的這一類訊息，固然對

股市會有影響，但是可否認定是刻意影響股市？是否違反《證券交易法》？在司法審判時往往很難認定。

　　回顧實際案例，先前有新聞記者被指控報導了不實的利多新聞，但是經過司法審判卻未被定罪。何以如此？根據臺灣高等法院97年度上訴字第3852號刑事判決，法院認為這位記者的報導「與國內其他媒體記者於同段時間內之報導，依其內容，實無明顯出入，從而自難逕以被告上開八篇報導，因屬利多消息即逕指為不實」。

　　值得特別指出的是，新聞記者被指控報導不實的利多新聞一事，是發生在2003年，而前述臺灣高等法院的判決，則是到了2008年才做出，前後歷時五年。由此可以知道，連專業的司法體系都要經過五年的時間，才能做出是否有罪的最終認定，相較之下，如果立法要求網路平臺業者迅速判斷內容是否違法並且據以移除，恐怕在實務上很難不引起爭議。

💬 第四節　結語

　　歐盟推出的DSA與DMA等《數位服務法套案》，意旨良善，以法律落實倫理議題。雖然出現了趨向憲政主義的典範轉移，但是因為主要的規管對象有其針對性，例如DSA特別著重使用者達到歐盟總人口10%的網路業者，DMA則強調年營業額超過了65億歐元，或是前一年的市值達到650億歐元，而且至少在三個歐盟的成員國都有提供服務的大型企業。符合條件的這些業者，主要都是來自境外的世界級網路巨擘，可見歐盟不只捉大放小，而且意在境外。

　　我國的立法思維也應參考歐盟精神，效法歐盟的意旨與策略。先前《數位中介服務法》草案在形式上雖然呼應DSA與DMA等《數位服務法套案》，但是落實之後可能會造成本土網路業者的困擾。畢竟規模較小

的網路業者，可能根本缺乏足夠的財力及人力，去進行草案要求的非法內容審查等工作。務實來看，應由網路巨擘先試行倫理責任的落實。

由於《數位中介服務法》草案強調：網路平臺業者接獲檢舉後應該將非法內容移除，如此才不用負起民事責任及刑事責任；資訊儲存服務提供者應該建立通知及回應機制，供任何人提出特定內容涉嫌違法的通知，以防止違法內容流通；網路業者還要優先處理認證舉報者針對違法內容的檢舉。網路上的內容是否非法，包括我國在內的世界各國司法體系都未必能迅速判斷，網路業者是否有能力迅速做出正確的判斷，不無疑問。

問題正在於，網路業者如果不能完全確定被檢舉的內容是不是合法，與其不移除而可能要負擔連帶法律責任的風險，或許取捨之下，寧可採取不必花時間認定就直接移除被檢舉內容的策略，以免有後遺症。這麼一來，很可能出現「舉報之所在，移除之所在」這種情況，這絕不是立法的初衷。對於這種立法思維，在實際應用上要慎防網路業者濫用移除平臺內容權力的情況，以免反而侵害了網路時代的言論自由，衍生出新的倫理問題。這應該也是EFF與「數位服務法人權聯盟」一再呼籲歐盟必須採取人權本位途徑的原因。

進一步來看，責成網路業者負起責任，其實可能違反了共和式民主的制衡精神，尤其是美國的憲政體制一向強調三權分立而制衡，這就是要避免權力的濫用，如今期待網路業者可以對有爭議的內容直接發揮「快速打擊部隊」的效果，如果出現了移除內容太過氾濫的情況，網路時代的言論自由如何保護？這是重要的倫理與法規議題。

為了落實消費者保護，遏阻不實訊息等涉及違法的內容，與其要求網路業者審查平臺內容是否非法，或許可以考慮改成要求網路業者完善「實名制」，用戶雖然未必要以真實姓名發表內容，但是因為有實名登記，萬一有法律責任，網路業者都可以配合司法體系的要求，提供發文

者的真實身分，以達到法治社會「言責自負」的效果，這樣或許更能達成想期待網路平臺遏阻假訊息與詐騙訊息、完善消費者保護的用意。

　　本文以很能快速影響股市的金融不實訊息進行檢視，這頗能彰顯「魔彈理論」或是「皮下注射模式」，結果發現即使是政府主管機關與司法體系，就算纏訟多年，也很難認定許多個案是否違法，因此很少做成有罪的判決。金融不實訊息的影響最快速，這應該是當前針對網路平臺上面有爭議的內容想要重點打擊並且移除的對象之一。然而，以前述司法判決來推論，如果有炒手或是股民護盤心切，不管是希望利多還是反向希望利空，只要看見不符合自己期望的網路金融訊息，尤其是預測性的分析，會不會乾脆直接舉報涉嫌違法而要求移除？如果多空雙方都全力動員，向網路平臺舉報不實、要求移除，交戰的結果很可能是反而造成金融訊息都因此消失，即使若干年後可能得以證明這些訊息本身都沒有違法，但是這種金融訊息動輒被下架的情況如果存在，資本市場還能維持正常運作嗎？

　　從金融不實訊息的推論情況來看，更可知道在資訊爆炸的網路時代，如果要因應假訊息、詐騙以及仇恨言論帶來的影響，或許可以責成網路平臺業者加強落實「言責自負」的原則。只要網路平臺業者強化「實名制」，以免匿名發布的不實或是非法內容，事後卻難以究責。如此一來，或許有助於落實網路時代的倫理責任，並且遏阻可能立即帶來危害的不實訊息；由業者自律實踐倫理責任，如有必要，再行立法。

參考書目

李永瑞（2013）。〈證券交易法之規範內容及體系——以規範目的之貫串為中心〉，《國立臺中科技大學通識教育學報》，2：109-129。

林東茂（1995）。〈經濟刑法導論〉，《東海法學研究》，9：190-194。

張天一（2008）。〈論證券交易法上散布流言或不實資料操縱價格罪〉，《中原財經法學》，20：118-122。

張益輔（2011）。〈證券市場「散布流言或不實資料」操縱行為之探討〉，《證交資料》，589：48-71。

賴祥蔚（2023）。〈歐盟《數位服務法套案》與我國《數位中介服務法》草案主要規管對象的比較研究〉，《教育暨資訊科技法學評論》，10：89-100。

臺灣證券交易所監視部（2010）。《99年度專題研究報告：證券交易市場操縱行為態樣之探討》。

Buri, I. & J. Van Hoboken (2021). T*he Digital Service Act (DSA) Proposal: A Critical Overview*. Discussion paper in DSA Observatory: 1-43.

Chiarella, L.(2023). Digital Markets Act (DMA) and Digital Services Act (DSA): New Rules for the EU Digital Environment. *Athens Journal of Law, 9*(1):33-58.

Gregorio, G. (2021). The rise of digital constitutionalism in the European Union, *International Journal of Constitutional Law, 19*(1): 41-70.

Moskal, A. (2022). Digital Markets Act (DMA): A Consumer Protection Perspective. *European Papers, 7*(3), 1113-1119.

Papaevangelou, C. (2023). The role of citizens in platform governance: A case study on public consultations regarding online content regulation in the European Union. *Global Media and China, 8*(1):39-56.

第二篇

公關廣告篇

Chapter 7

網路時代的公共關係專業倫理

鄭淑慧

朝陽科技大學傳播藝術系副教授

- 公共關係發展與專業倫理
- 公共關係專業倫理規範——國外篇
- 公共關係專業倫理規範——國內篇
- 公共關係專業倫理未來挑戰
- 結語

本章主要探討網路時代公關專業倫理規範和未來的倫理挑戰，公關工作涉及利用媒體推廣品牌和管理溝通，各個層面都需要遵守合適的道德規範。本文提出國外相關公關組織所制定的專業守則，也審視國內公關組織的倫理規範內容。另外討論國內外違反公關倫理運作的案例，針對未來數位時代和人工智慧AI的發展對公關專業倫理帶來的新挑戰提出說明，最終指出遵守法律、迴避利益衝突及提供資訊的準確性等是公關從業者需要面對新挑戰時的基本操守。

第一節　公共關係發展與專業倫理

1987年7月14日當時蔣經國總統宣布自7月15日解除戒嚴，結束了台灣長達38年的戒嚴時期。1988年報禁解除，後續各類媒介也相繼開放，此時社會運動風起雲湧，許多社會議題被關注討論，公共關係（public relations）的運作在此時開始真正被重視，間接促使民間有了許多公關公司如雨後春筍般成立，企業團體也不落人後在內部成立公關或公共事務部門，這也讓更多傳播相關科系的人才投入此行業，加速了公共關係產業在台灣的成長。

在社會大眾心目中，公關人員的形象是企業內部或客戶委託的「化粧師」，公關普遍被認為是一項為了企業或組織的利益，試圖說服公眾的工作，但另一方面有些人認為公關本身就類似宣傳、帶風向和操縱，某種程度上可能是不符合倫理道德的。例如在1984年10月21日《紐約時報》（*New York Times*）的社論中，首次採用spin doctor（中譯：「政治化粧師」、「政治公關顧問」或「輿論導向專家」）一詞，特別指雷根和孟岱爾兩位總統候選人進行電視辯論之後，一群助選團顧問圍在記者身邊，專門透過一系列分析及編造新聞的公關手段，企圖操控記者的新

聞報導，從而想改變公眾觀點，該文即是以spin doctor這個詞來形容這一群公關人。

前行政院長陳冲（2006）曾撰文提到spin一詞如同於棒球運動中，投手快速旋轉球身，希望球被擊出時能落在對本身球隊有利的方位。延伸至公關運作，「基於『落點正確』的目標，spin doctor之任務，就是將一件尋常或不利的事，以特殊方式詮釋轉化，或操控為對己方有利」，進而稱這些人就是「硬拗高手」。

公共關係是利用媒體的管道來推廣組織品牌和管理溝通的過程，特別是在危機時期，因此無論是僱用外部專業公關公司，還是在組織內部來進行公共關係工作，事實上，公共關係運作過程應遵循合宜的道德規範和行為準則，此即為公共關係倫理的真諦。公關專業人員對於什麼是對的、什麼是錯的選擇決策也必須符合法律標準，因為公關人員的決定和執行過程需要承擔法律的責任。

隨著網路使用與社群媒體的普遍化，公關實務上也出現一些為社會所關注而有爭議的現象，例如：網紅不實代言或虛假灌水的粉絲數，這些虛假敘事或故意說謊的不道德欺騙行為，在公關的某些運作中仍然存在，這些負面操作都會引發大眾對網路媒體和使用者之間誠實與信任的問題。另一方面，通過網路平台與大眾互動也間接導致了關於個人資料蒐集和安全性考量，誰應該對這些隱私資訊保護負責，資訊將如何使用以及由誰使用，這些資訊披露的透明度議題，都可能牽涉公關的倫理問題。

在二十一世紀全球化和數位化的年代，幾位澳洲學者高聲呼籲在公共關係的運作實踐上，公共關係倫理面臨著更加複雜的挑戰，網路媒體給公共關係工作帶來便利的同時，也產生了更多倫理困境（Jackson et al., 2022）。由此延伸，公共關係倫理的重要性，已是公共關係專業實務發展領域中一個重要的課題。

第二節　公共關係專業倫理規範——國外篇

一、相關公關組織與規範

在國外，公關專業性的協會組織例如美國公關協會（Public Relations Society of America, PRSA）與國際公關協會（International Public Relations Association, IPRA），都明列了專業公關人員需遵守的專業倫理規範，其守則開宗明義地將專業倫理定義為公關工作的重要基石。

美國公關協會是目前國際最大的公關人員組織（www.prsa.org），成立於1947年，總部位於美國紐約，會員超過21,000人，多數來自公關、廣告、行銷公司、非營利組織、政府單位以及公關相關科系的師生。該組織的宗旨致力於提升公關專業技能，促進新知與經驗分享，鼓勵公關人員持續進修，推動與大眾溝通並強調公共服務，且從業人員須具倫理道德操守。

美國公關協會訂有《公共關係從業人員職業倫理標準》（PRSA's Code of Ethics），此組織的職業道德規範訂立於1950年，其後陸續修訂提出合宜行為的遵守規範守則。該守則大約分有兩個部分，第一部分闡述公關專業核心價值，包括倡議、誠實、專業、獨立、忠誠，以及公平；第二部分提出行為守則，包含資訊自由流通、公平的競爭、資訊揭露、隱私或機密資訊保密，避免利益衝突以及提升專業技能，分列詳見**表7-1**。

表7-1 美國公關協會倫理規範

美國公共關係協會（PRSA）公關從業人員倫理規範（code of ethics）	
倡議（advocacy）	擔任倡導者的角色，從而為公眾利益服務，針對概念、事實和觀點提供意見以幫助公眾進行知情的辯論。
誠實（honesty）	與公眾溝通時，堅持最高標準的準確性和真實性。
專業（expertise）	學習並運用專業知識和經驗，與各個機構和大眾建立起相互瞭解、信賴和互相的關係。
獨立（independence）	提供客觀的建議，對自己的行為負責。
忠誠（loyalty）	保持忠誠，同時顧及服務公眾利益的義務。
公平（fairness）	公平地對待客戶、雇主、競爭對手、同行、供應商、媒體和大眾。我們尊重所有意見，支持自由表達的權利。
資訊自由流通（free flow of information）	應當保持準確真實的信息自由流通，並迅速修正錯誤性的任何訊息。
公平競爭（competition）	應尊重公關專業人員之間的公平競爭，不應故意傷害其他競爭者。
資訊揭露（disclosure of information）	應避免欺騙，與公眾建立信賴感，在所知的範圍內提供準確真實的訊息。
資訊保密（safeguarding confidences）	應保護與客戶或雇主有關的機密和隱私訊息。未經明確許可，不得透露此類訊息。
避免利益衝突（conflicts of interest）	應以客戶或雇主的最大利益為行為準則，應避免利益衝突。
提升專業技能（enhancing the profession）	應提升擴展個人能力，提高公關領域的整體知識和技能。

　　國際公關協會（IPRA）成立於1955年，總部位於英國倫敦（www.ipra.org）。該組織提出《IPRA行為準則》（IPRA code of conduct）詳細地規範個人及專業操守，並推薦給全球的公共關係從業人員，行為準則包含遵守、誠信、對話、透明度、衝突、保密、準確、虛假、欺騙、披露、牟利、酬金、誘因、影響、競爭對手、招攬、就業與共事，分列詳見**表7-2**。

表7-2　國際公關協會行為規範

國際公關協會（IPRA）公關從業人員行為規範（code of conduct）	
遵守（observe）	遵守《聯合國憲章》和《世界人權宣言》的原則。
誠信（integrity）	始終誠實守信，保持與人接觸的信心。
對話（dialogue）	尋求建立具有道德、文化和智慧的對話，並認同所有相關方陳述其觀點的權利。
透明度（transparency）	聲明所代表方其姓名、組織和利益時，保持公開透明。
衝突（conflict）	避免任何專業利益衝突，並在發生衝突時向受影響的相關方披露。
保密（confidentiality）	遵守提供機密信息。
準確（accuracy）	採取一切合理措施確保所提供訊息的真實性和準確性。
虛假（falsehood）	不傳播虛假或誤導性訊息，並採取行動及時更正任何假訊息。
欺騙（deception）	不以欺騙或不誠實手段獲取訊息。
披露（disclosure）	不成立或利用任何組織為所宣稱的目的服務，但實際上是為了未公開的利益而服務。
牟利（profit）	不以牟利為目的向第三方出售從公部門獲取的文件副本。
酬金（remuneration）	在提供專業服務時，不接受除委託人以外的任何形式的支付。
誘因（inducement）	不直接也不間接向公部門、媒體或其他利益相關者提供或給予任何財務或其他誘因。
影響（influence）	不提議也不採取任何可能構成對公部門、媒體或其他利益相關者不當影響的行動。
競爭對手（competitors）	不故意損害其他從業者的專業聲譽。
招攬（poaching）	不以欺騙手段獲取其他從業者的客戶。
就業（employment）	在僱用來自公部門或競爭對手的人員時，注意遵守這些組織的規則和保密要求。
共事（colleagues）	國際公關協會的會員和全球公關從業者一致遵守此行為規範。

　　以上的這些國外公共關係專業組織所提出的專業價值觀及倫理守則，僅是實務操作上面的大原則，且此一標準並不具備法律的功能。

二、國外公關專業倫理的研究

知名的二位美國公關學者J. Grunig和L. Grunig（1996）認為當公關工作涉及說服的意圖時，即是將自我的價值加諸於別人身上，也許透過某種運作去影響別人，缺少平等與尊重，因而主張涉及強力說服是有違公關的社會責任，進而提出公共關係必須以雙向溝通為基礎，應當建立在誠信和尊重的利基上，並平衡組織與公眾的利益，公共關係人員有責任維護公眾知情權和自主權，提供真實、準確的資訊，從而建立長期的信任與理解。此主張也為公共關係倫理提供了新的視野，對公共關係的社會責任提出了理論基礎。

帕森斯（2016）出版的《公共關係倫理》一書，提供了一套公共關係倫理的最佳實踐指南，它包括對公眾的誠實、透明、公正、尊重等要求。強調公共關係倫理的重要性在於它可以幫助公共關係從業人員建立良好的職業聲譽，並促進公共關係行業的正常發展。該書提供了一些公共關係倫理實踐的建議，這些建議包括：建立明確的倫理政策和程序，對員工進行倫理培訓，建立倫理審查機制，在工作中遇到倫理困境時，諮詢專業人士。

面對網路的時代，幾位國外的學者進行2000年至2019年間系統性的公共關係倫理研究回顧，探討當代公共關係倫理並提出當前的四個新趨勢：公共關係從業者的道德自覺；公共關係的社會責任與公共利益；利益相關者的參與和共治；重視文化差異對倫理判斷的影響（Jackson et al., 2022），此研究結果為現今公共關係倫理發展提供了有前瞻性的學術視角，同時也提醒著我們，未來公共關係倫理需更加關注從業者的道德自覺，更需要加強專業培訓，制定全球化的職業操守規範。

三、國外案例分析

在此以2018年Facebook—劍橋分析公司非法使用個資醜聞為例。

劍橋分析公司（Cambridge Analytica）成立於2013年，是一家總部位於英國的數據分析公司。該公司聲稱能透過選民資料數據分析來提供選舉廣告投放和選民行為分析。2018年經由媒體報導，劍橋分析公司非法獲取了超過8,700萬Facebook用戶的個人資料，而且沒有經過用戶的同意，這些被盜用的個人資料後來被指控曾被用於精準的政治廣告投放，包括在2016年英國脫歐公投和美國2016年總統選舉期間與川普競選團隊合作，利用這些個人數據進行精細化的選民廣告，企圖影響選民的投票行為。

Facebook起初的公關回應被認為缺乏透明度，執行長馬克·扎克伯格（Mark Zuckerberg）遲遲不正面回應此事件，這嚴重打擊了公眾對Facebook的信任，因為它未能保護用戶隱私和資料。後來馬克·扎克伯格在事件曝光後發表聲明，承認公司疏忽，未能保護用戶個人資料。他道歉並表示Facebook將採取措施限制對用戶資料的使用權限，但為時已晚，Facebook股價大幅下跌，投資者對公司的管理和個人資料隱私的問題表達了擔憂，其品牌聲譽和公眾形象都受到影響。

這起醜聞突顯了社群媒體在蒐集和運用大量用戶資料時，缺乏透明和監督的公關道德。這起事件反映了Facebook在危機公關處理上的重大失誤，也讓公眾更加關注社群媒體的個人資料使用隱私和該企業的公關倫理操守問題，並且這次醜聞促使一些地區和國家實施更嚴格的個人資料相關的隱私法規。總結來說，劍橋分析的醜聞揭示了個人資料被濫用的風險，以及在大數據的時代中，政治操作和網路社群媒體之間所帶來的公關倫理問題。

💬 第三節　公共關係專業倫理規範──國內篇

一、國內相關公關組織與規範

在台灣類似國外公關組織主要有2007年成立的台灣暨台北市國際公共關係協會（Taiwan / Taipei International Public Relations Association, TIPRA），為全台灣近三十家從事公關相關業者所組成非營利社會團體（www.tipra.com.tw）。TIPRA制定《倫理道德規範》條文，是為TIPRA會員在提供專業服務，在遭遇道德挑戰時，做為可共同遵循的道德倫理指南，其規範包含六大核心價值：正直誠信、公平公正、正向倡導、專業知識、獨立客觀、公眾利益，對整個公關產業的職業操守至關重要，**表7-3**為其主要的內容。

表7-3　台灣暨台北市國際公關協會倫理道德規範

台灣暨台北市國際公共關係協會（TIPRA）倫理道德規範	
正直誠信	我們堅持在服務任何組織利益或從事公眾利益溝通時，針對訊息來源「準確性」和「真實性」，秉持正直與誠信原則，採取最高道德標準。
公平公正	我們公平公正對待客戶、雇主、競爭對手、同行、供應商、媒體或公眾等所有利害關係人，我們尊重每一位關係人意見，支持其言論自由權利。
正向倡導	我們代表組織或品牌提供公眾利益服務時，提供想法、事實和觀點給大眾市場，倡導組織公眾討論時，朝社會正向力量發展。
專業知識	我們對自己專業知識和經驗負責，協助各組織和受眾間，建立相互理解、關係與信譽，並加以持續推進公關產業專業發展、研究或傳承教育。
獨立客觀	我們對於所代表或服務的對象，提供獨立且客觀的專業建議，並且對自己的言論與行為負責。
公眾利益	我們對於所代表或服務的對象，以不違反公眾利益為原則，履行專業公共關係服務之義務。

另外，財團法人公共關係基金會（Foundation for Public Relations）成立於1990年，是為了導正社會大眾對公共關係的正確認知，抱持的宗旨為「宣揚公共關係的真意理念，提昇公共關係事業的社會地位」，此組織與TIPRA的運作上有所差異，在專業倫理的面向上未見有明確的討論，但共同的理念皆為提昇台灣公關專業之地位。

二、國內公關專業倫理的研究

　　在國內傳播學門領域中，公共關係關專業倫理與新聞倫理的議題研究在數量上相比少了許多。國內以公關專業倫理或法規為主題的中文專書並不多，劉俊麟（1999）曾著有《現代公共關係法》，從法律觀點的實務來討論公共關係在社會應注意的層面。因公共關係未有具體法規，該書主要關注公共關係的概念、功能、模式等理論方面，並從法律專業的角度詳細闡釋了包括著作權、專利權、商標權、商業機密等與公共關係密切相關的課題。

　　學術研究期刊論文方面，張依依（2005）提出所謂公共關係「形象論」，公關從業人員執行業務時，應當下思考公關訴求、策略或手法曝光後是否會遭外界批評，導致承接公司或公關行業公共形象受損，如果答案為「是」則不可，須修正或拒絕之，反之則可。強調公關專業有所謂「公共形象」問題；倘若業者唯利是圖，將有損公關行業之整體形象及未來發展。

　　現今公關人員必須面對網路平台上大量資訊流通的媒介特性並配合快速產製訊息，同時又要確保內容的正確性，對公關專業倫理的議題造成困難的挑戰。

　　回顧國內既有公關文獻針對網路或社群媒體與專業倫理研究，鄭怡卉（2020）透過與高階公關專業經理人的深度訪談，該研究指出倫理

爲公關專業的重要核心，對於公關專業的重要價值，研究發現首重「誠實」，其次爲「社會責任」以及「協助企業／客戶」，公關專業價值的展現，對於公關公司來說，還包括拒絕客戶可能違法與違背道德的要求，必要時也拒絕承接客戶的委託案。鄭怡卉（2021）更進一步，調查哪些社群媒體的相關倫理議題受到公關人員的重視，研究結果指出公關人員認爲社群公關實務中隱私權、企業保密、訊息眞實性，以及法律規範爲重要議題，約半數受訪者表示組織有公關專業倫理相關守則，約三分之一表示有新媒體相關守則，但對於倫理規範的實用性則大多抱持保留的態度。

三、國內案例分析

在此以台灣三星電子「寫手門」事件爲例。

事件起因於2013年4月，民衆發現台灣三星電子股份有限公司委託三星集團子公司鵬泰顧問有限公司及商多利公司，進行網路口碑行銷，聘請網路寫手或是由自家員工假裝是網友分享三星手機使用心得，企圖影響網路輿論，打擊競爭對手。三星電子台灣分公司起初否認此事，但隨後承認確有聘請網路寫手，並表示已結束合作關係，且將調查事件經過。

同年十月，台灣公平交易委員會在調查後裁決，三星公司因嚴重違反當時「足以影響交易秩序之欺罔行爲」依《公平交易法》規定，罰款台灣三星公司一千萬元、鵬泰公司三百萬元、商多利公司五萬元。這也是台灣第一件對於網路口碑行銷的不當行爲被裁罰的案件。

此事件引發台灣社會對企業利用網路寫手影響輿論的討論，也使三星公關行銷策略主打品牌形象，不僅沒有提升形象，反而受到負面影響。此案例涉及到網路行銷的問題，只要推文收有利益或有收到對價關

係，都應該予以揭露，且揭露的內容應該越細節越好，如果未揭露，則有隱匿重要資訊之虞，未避免利用網路寫手故意造假，侵害消費者權益的行為，透過網路行銷更需要遵守相關的法律規定，並尊重消費者的消費權益。

第四節　公共關係專業倫理未來挑戰

面對網路時代，公關人員將面臨一些艱鉅的道德挑戰：

一、數位媒體的挑戰

隨著科技的發展，公關工作也需要適應數位化的趨勢。這可能包括使用新的工具和平台進行溝通，以及適應新的媒體環境。數位媒體環境下，優質且具有吸引力的創意內容對於引起公眾的注意至關重要。公關人員需要不斷創造具有價值和分享性的內容，以提高品牌知名度。新媒體時代網路有著眾多的新興線上平台，公關人員需要應對這種多元化，制定適應不同平台的溝通策略，包括社群媒體、網路論壇、部落格、影音分享平台等，這些網路平台具有高度互動性與資訊連結度，其即時性和便捷性迫使公關人員需更加迅速地回應事件、新聞和社會輿論。

另一方面，投資大師華倫‧巴菲特（Warren Buffett）曾說：「要建立良好的聲譽，需要二十年，但要毀掉聲譽，只需要五分鐘。」這更說明在網絡上虛假錯誤訊息的傳播速度上，特別是社群媒體和即時通訊工具加倍資訊的擴散效應，公關專業務求在第一時間做出反應，以避免錯失最佳時機，進而可能對品牌聲譽造成嚴重損害。因此，公關人員必須具備判讀虛假信息的能力，不斷監測社群媒體上的討論和評論，以瞭解

消費者對品牌或事件的看法，同時建立穩固的危機應對機制，當負面訊息迅速擴散，需要有能力快速管理和溝通，以防止危機的擴大和負面影響的加劇。

二、人工智慧AI的挑戰

自從2022年11月30日人工智慧聊天機器人ChatGPT問世，人工智慧語言模型已引起全球廣泛關注，透過AI能夠快速分析海量的數據和內容，並進行各類行為分析。AI能夠幫助企業進行精準的社群媒體營運和加強與使用者互動，提高公關人員有效率的管理，同時AI能大幅增加監測負面新聞的追蹤能力，公關人員可配合AI工具進行輿情應對和危機處理的管控。然而，另一方面對公關人員而言，從業的倫理問題才是需正視的，AI能夠自動生成公關新聞稿、社群媒體貼文等內容，這對一些基礎公關工作形成挑戰，說明公關人員需要掌握新技能，發展更高層次的公關規劃能力。AI強大的文本生成能力，也易捏造假新聞被擴散傳送在網路社群平台上，公關人員需要培養快速識別假新聞並提高媒體新聞判讀能力。

2023年11月美國公關協會（PRSA）發布了《公共關係從業人員對AI的倫理使用指南》（The Ethical Use of AI for Public Relations Practitioners），闡釋人工智慧的廣泛應用可以輔助內容創作、數據分析等工作，提高公共關係從業者的生產力，但是這些生成內容也存在易誤導公眾、侵犯智慧財產權等潛在道德風險。從業人員有責任理解並規範使用AI工具，確保產出的訊息準確無偏見、兼顧公共利益。在使用AI生成內容前，公關人員須核實數據來源與訊息準確性，避免產生虛假訊息與侵權行為。公共關係行業須倡導負責任地使用AI，以維護公眾對公關行業的信任與支持。該使用指南以成本效益分析（cost-benefit analysis

for the use of generative AI tools）提出改善溝通內容、蒐集研究設定議題及內容生成幾個面向討論細節，本文部分節錄此分析如**表7-4**，此分析強調儘管AI提高了工作效率，作為使用者須時刻認識到AI不能替代人類的判斷與體驗，AI只是人類智慧的產物和工具，公關人員必須慎重使用AI。

表7-4　美國公關協會使用生成式AI工具的成本效益分析

使用生成式AI工具的機會／效益	潛在的風險／道德挑戰	正確使用指南
改善溝通內容，個人專屬編輯、校對	可能有意或無意中傳播虛假信息。AI可能捏造假信息，並容易產生完全沒有事實依據的內容。	查核AI提供的數據，AI聊天工具有時會產生虛構或不準確的信息。
蒐集研究，設定議題	商業機密和智慧財產權資訊有可能透露給應用程式的潛在風險。	提交到AI平台的內容需謹慎。
內容生成	員工在製作內容時不披露使用生成式AI，可能會導致侵權後果。	合宜、合乎倫理地使用AI，意味著公關從業人員在AI提示和精心編輯協助下製作完成內容，而非純粹AI是作者身分。
	生成的內容中可能會無意中出現偏見。	利用查核來確保AI過程不會無意中產生內容或評論的偏見或歧視。
	翻譯成其他語言可能不準確。	涉及到習慣用語、專業術語或細微的文化差異等複雜的翻譯任務，AI翻譯的質量可能沒有專業翻譯人員來得好。
	生成式AI無法像人類一樣思考。AI不能替代人類認知過程，特別是在解決問題方面，這正是公關從業人員和傳播專業人員受僱要做的事情。	認識到技術的局限性，並認同個人知識的複雜性和專業性。AI無法替代人類的判斷，也無法複製人類的經驗。相反地，AI是人類創造的產物，AI反映了我們千百年來累積的知識。
	隨著AI的發展，人工智慧平台將不斷更新資訊。然而，需要注意的是，平台更新受限於有限的資源。	查核所有由AI生成的資訊以確保準確性。謹慎選擇使用平台，分析這些平台的做法是否與您的客戶或組織的做法一致。

第五節　結語

　　隨著科技日新月異，網路媒體、數位平台、人工智慧AI這些技術和工具爲公關人員都帶來了從業倫理的挑戰，這些挑戰涵蓋了傳統公關模式的變革、訊息的即時性、互動性增強、公共意見形成的多元化等面向。在數位媒體環境下，公關活動的效果更容易被追蹤和評估。公關人員需要具備網路數據分析的能力，以確定哪些策略和活動更具效益，並作出相應的調整。另外，人工智慧AI將帶來效率的提升，也對公關從業者的部分能力形成替代，需要公關人員主動掌握數位時代新工具和技能，實現與AI的互補提昇。數位媒體的發展爲公關帶來了更多機遇，但同時也帶來了更多的任務。成功的公關策略未來需要結合傳統、數位和AI的元素，不斷調整以應對快速變化的媒體環境和溝通對象。對於公關專業人員總結來說，遵守法律，保持中立避免利益衝突，保護隱私，並對於客戶、媒體和大眾誠實以對，提供正確公開透明的資訊，瞭解這些問題並努力在工作業務內堅守高道德標準是非常重要的。

參考書目

張依依（2005）。〈公共關係專業倫理初探——「形象論」及其適用情境〉，《廣告學研究》，23：35-60。

陳沖（2006）。〈Spin doctor就是硬拗高手〉，《經濟日報》，2006年9月26日。

劉俊麟（1999）。《現代公共關係法》。台北：揚智。

鄭怡卉（2020）。〈社群媒體時代下的公關專業倫理——探討公關倫理核心價值與挑戰〉，《傳播與社會學刊》，53：91-123。

鄭怡卉（2021）。〈社群公關倫理的理論與實踐〉，《傳播研究與實踐》，11(1)：177-205。

Grunig, J. E., & Grunig, L. A. (1996). Implications of Symmetry for a Theory of Ethics and Social Responsibility in Public Relations. *Journal of Public Relations Research, 8*(3): 167-186.

Jackson, M., Chorazy, E., Sison, M. D., & Wise, D. (2022), Public Relations Ethics in the 21st Century: A State-of-the-field Review. *Journal of Communication Management, 26*(3): 294-314.

Parsons, P. J. (2016). *Ethics in Public Relations: A Guide to Best Practice*. London: Kogan Press.

The ethical use of AI for public relations practitioners. *Public Relations Society of America*. https://www.prsa.org/docs/defaultsource/about/ethics/ethicaluseofai.pdf?sfvrsn=5d02139f_2.

The Debate and the Spin Doctors (1984, October 21), *New York Times*, p.22.

Chapter 8

傳統媒體與網路時代的虛偽不實與吹牛廣告——傳統媒體篇

張佩娟
輔仁大學廣告傳播學系專任副教授兼系主任

- 不實廣告的定義
- 不實廣告的類型
- 不實廣告的判斷原則

　　廣告是消費者進行購買決策時重要的資訊來源，依據《國際商會廣告行為準則》第1條規定：「廣告應當合法、正當、誠實和真實，每一廣告應當具備應有的社會責任感，並遵守商界公認的公平競爭原則。」究其內涵，則包含誠信、基於可證明事實之比較，此外亦不得抹黑、不當使用他人商譽，以及以可能誤導或混淆之方式進行模仿等（黃立，1999：170）。此一原則也是廣告領域內，對競爭的最高指導原則，也是《公平交易法》第21條的立法精神所在，因為不論廣告人有無可歸責事由，如其廣告有虛偽不實或引人錯誤等情事，對於消費者而言都是無法承受的負擔。

　　隨著網際網路發展，傳播媒體也從傳統的電視、報紙、廣播等擴及網路上可見的各類型廣告，以及近年興起的網紅代言。在不實廣告這一部分，規劃分為兩章，第八章為「傳統媒體篇」，第九章為「數位媒體篇」。

　　第八章內容規劃如下，第一節先說明不實廣告的定義；第二節介紹不實廣告的類型，並以公平交易委員會處罰之案例做一對照；第三節介紹不實廣告的判斷原則。關於不實廣告的法律責任，主要都以《公平交易法》第21條為準則，因此，相關責任及更正廣告在第九章一併說明。

　　第九章內容規劃如下，第一節介紹數位廣告平台與業者；第二節說明網路不實廣告之類型；第三節探討網路不實廣告相關當事人之法律責任——以《公平交易法》為主。最後第四節則闡述不實廣告應負的相關責任及更正廣告。

第一節　不實廣告的定義

一、廣告的定義

　　廣告的目的在介紹產品，並經由和顧客締結契約，以增加其產品或服務的銷售。廣告是行銷的要素之一，廣告學者Moriarty, Mitchell, & Wells（2019）等將廣告定義為：「所謂廣告，是一種付費形式的說服傳播，由特定而明確之廣告主，使用大眾與互動媒體來向廣大的受眾（目標受眾），透過知名、理解、說服的過程來影響消費者採取某些行動。綜合來說，廣告應具備之要素包括：有特定明確的廣告主，廣告內容包括產品、服務與觀念之推廣，及透過大眾傳播及新興的互動（interactive）媒體，以非特定多數人為對象所進行的付費宣傳。其所著重的是廣告目的與提供訊息的內容與方法。

　　至於我國法律上對廣告所做之定義，在傳播相關法規、《消費者保護法》等法規中都有相關之規定。如《廣播電視法》第2條第7款：「稱廣告者，指為事業、機關（構）、團體或個人行銷或宣傳商品、觀念、服務或形象，所播送之影像、聲音及其相關文字。」此外，在《有線廣播電視法》與《衛星廣播電視法》中也有類似的規定。《消費者保護法》有關廣告之規定為第22條第1項：「企業經營者應確保廣告內容之真實，其對消費者所負之義務不得低於廣告之內容。」另外，在《消費者保護法施行細則》第23條則對廣告加以定義：「本法第22條至第23條所稱廣告，指利用電視、廣播、影片、幻燈片、報紙、雜誌、傳單、海報、招牌、牌坊、電腦、電話傳真、電子視訊、電子語音或其他方法，

可使多數人知悉其宣傳內容之傳播。」簡而言之，即企業經營者利用各種媒體推廣其商品所為之傳播。由上述各條文內容觀之，《消費者保護法施行細則》中將廣告呈現的媒體以例示方式舉出，在要件上包含「宣傳」的行為與客觀上「可使不特定多數人可得知悉」，即屬於廣告的概念。《廣播電視法》所著重者，則是只要在廣播電視播放之內容具有推廣宣傳的作用，就是屬於「廣告」的概念（陳汝吟，2008）。

二、廣告的構成要素

綜合來說，廣告的構成要素有三：

(一)廣告主體

包括廣告主、廣告代理業、廣告媒體業等三者。所謂廣告主，指利用廣告以推介其商品、勞務或概念之事業。廣告代理業，指為廣告主製作廣告內容，並向廣告媒體業揭載之營業者。廣告媒體，則指電視、廣播、報紙等傳播廣告之媒介，而經營上述廣告媒體為業者，即為廣告媒體業。

(二)廣告方法

廣告方法不勝枚舉，常見者有電視、廣播、報章雜誌、招牌等，其他尚有郵寄廣告、張貼廣告、電話簿廣告、宣傳車、車廂廣告等。網際網路的發展以及行動裝置（如手機、平板電腦）的普及化，提供更多互動式數位媒體平台供企業主投放數位廣告（digital advertising）。

(三)廣告内容

　　商業廣告之内容係爲推銷某種商品、勞務，或介紹某種具有商業價值之觀念所作之表示，其型態有文字、圖畫、相片或聲光等（沈榮寬、謝杞森，1993）。

三、虛偽不實（false）、引人錯誤廣告（misleading）與吹牛廣告（puffery advertising）

　　現行法中，除《公平交易法》外，尚有其他十餘項法律也對不實廣告有所規定，例如《商品標示法》、《食品衛生管理法》。公平交易委員會則將常見之不實廣告案例加以區分爲三十二種類型。至於《公平交易法》第21條是對「一般不實廣告」所做之規定。其條文指出：「事業不得在商品或廣告上，或以其他使公衆得知之方法，對於與商品相關而足以影響交易決定之事項，爲虛偽不實或引人錯誤之表示或表徵。

　　前項所定與商品相關而足以影響交易決定之事項，包括商品之價格、數量、品質、内容、製造方法、製造日期、有效期限、使用方法、用途、原產地、製造者、製造地、加工者、加工地，及其他具有招徠效果之相關事項。

　　事業對於載有前項虛偽不實或引人錯誤表示之商品，不得販賣、運送、輸出或輸入。

　　前三項規定，於事業之服務準用之。

　　廣告代理業在明知或可得而知情形下，仍製作或設計有引人錯誤之廣告，與廣告主負連帶損害賠償責任。廣告媒體業在明知或可得而知其所傳播或刊載之廣告有引人錯誤之虞，仍予傳播或刊載，亦與廣告主負連帶損害賠償責任。廣告薦證者明知或可得而知其所從事之薦證有引人

錯誤之虞，而仍為薦證者，與廣告主負連帶損害賠償責任。但廣告薦證者非屬知名公眾人物、專業人士或機構，僅於受廣告主報酬十倍之範圍內，與廣告主負連帶損害賠償責任。

　　前項所稱廣告薦證者，指廣告主以外，於廣告中反映其對商品或服務之意見、信賴、發現或親身體驗結果之人或機構。」

　　除《公平交易法》第21條之規定外，在廣告內容涉及與競爭者有關事項而有損於競爭者之商譽時，依同法第24條之規定處罰，如無損於競爭者之商譽，但有攀附之情事時，則應視具體情形論其是否違反《公平交易法》第25條。

　　對不實廣告之所以要以法律加以規範，主要之目的在保護消費者的交易利益。由於我國《消費者保護法》與《公平交易法》中對何種廣告屬於虛偽不實，或何種為引人錯誤，並未有明文規定，依一般用語，凡廣告之內容與該商品（或服務）實際上有不相符合者，均為「虛偽不實廣告」，準此，則其範圍包括：(1)詐騙、誹謗等違法廣告，或其他廣告內容與事實不符合之廣告；(2)客觀上不正確表示，如吹噓、誇大事實，但消費者能正確瞭解，不致陷於錯誤之廣告；(3)引人錯誤廣告（陳玲玉，1979）。

　　廣告必須吸引消費者注意才能發揮其傳播的效果，但如果法律對廣告內容要求與事實完全一致，那麼廣告用來吸引消費者注意的一切創意手法、說服的功能，甚或是娛樂的性質，都將全遭抹煞。至於廣告內容誇大、吹噓（如辣得噴火的泡麵或全世界最好的冰淇淋）之廣告是否到達使消費者有陷於錯誤之虞的程度，則應由具體個案判斷之（黃茂榮，1993）。因此，法律所要規範之虛偽不實廣告，應限於其虛偽不實致使消費者陷於錯誤及導致其購買商品或接受服務決定之虞，亦即前述第(1)、(3)項所指之廣告（范建得、莊春發，1992）。

　　因此，由上述討論可知，《公平交易法》第21條所稱的不實廣告，

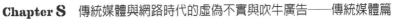

是指虛僞不實或引人錯誤的表示或表徵，商品上的表示或表徵，係指以文字、語言、聲響、圖形、記號、數字、影像、顏色、形狀、動作、物體或其他方式，足以表達或傳播具商業價值之訊息或觀念之行爲（林東昌，1999），亦即爲一般人所瞭解的包裝或標示。而產品的包裝與標示，亦屬於廣告的一種（尤英夫，2008）。而有關誹謗性或詐欺性的廣告的規範，則屬《公平交易法》第24條（營業誹謗）或《刑法》第310條的誹謗罪或《刑法》第339條詐欺罪規範之範疇，則不列入此處不實廣告討論之範圍。

由於經濟法主要之規範意涵在於交易資訊的正確性，亦即防止交易相對人因資訊扭曲而影響其交易決定，並避免交易秩序遭受破壞，因此，虛僞不實或引人錯誤均以「足以引起錯誤之認知或決定」爲共同要素，並非單就表示或表徵與事實之間存有任何出入，或行爲人懷有誤導交易相對人的主觀意圖，即認定事業「爲表示或表徵」行爲已構成《公平交易法》第21條第一項所禁止的「虛僞不實或引人錯誤」。

依公平交易委員會《公平交易委員會對於公平交易法第21條案件之處理原則》第5點規定：「本法第21條所稱虛僞不實，指表示或表徵與事實不符，其差異難爲一般或相關大眾所接受，而有引起錯誤之認知或決定之虞者。」（石世豪，2004）也就是法律上所規範的虛僞不實廣告，應以其虛僞不實致使消費者陷於錯誤及導致購買商品或接受服務決定之虞者爲限。

至於所謂「引人錯誤」之廣告，處理原則第6點規定：「本法第21條所稱引人錯誤，係指表示或表徵不論是否與事實相符，而有引起一般或相關大眾錯誤之認知或決定之虞者。」此係指廣告主利用廣告製播技巧、表達手法，誇張或歪曲事實、遺漏重要事實，使消費者有陷於錯誤之虞，並足以造成消費者或廣告主之競爭對手之損失者。因此，廣告內容在客觀上縱無不實，但可能使消費者陷於錯誤之虞者，即構成引人錯

誤之廣告。

　　至於「吹噓」（吹牛）廣告是否為《公平交易法》第21條所要規範之對象，美國聯邦交易委員會（Federal Trade Commission, FTC）將「吹噓」（吹牛廣告）界定為「消費者通常可合理期待出賣人會對其商品品質為誇張表示，但其『誇張』之虛實卻無從判斷」。因此，儘管業者會以各種宣傳方式來誇張其商品的品質，但一般消費者卻認為這種誇張只不過是一種「老王賣瓜，自賣自誇」的推銷花招（dealer's talk）而已，其本質上並不具有誤導可能性之廣告，學者稱之為「可辨識的誇張」（discernible exaggeration）。

　　此外，在美國習慣法（common law）上，一向認為「吹噓」不具違法性，如果廣告宣稱該商品為「最好」或「最佳」（the best or the finest），一般通常會認為此種宣傳僅是一種吹噓；但在FTC的界定中，則認為商品必須具有平均品質以上之品質（above-average quality），才可在廣告上稱該商品為最好或最佳，否則就會被FTC判定為不實廣告。相較之下，FTC對「吹噓」的界定是較為嚴格的。

　　至於「吹噓」與「不實」的區別，前者是一種「意見」的誇大陳述（stating an exaggerated opinion）；後者則是「具體事實」的不實陳述（making an untrue representation of a specific fact）（趙麗雲、林輝煌，2002）。

第二節　不實廣告的類型

　　在對各種類型的不實廣告做進一步介紹前，可先依《公平交易法》第21條第1項之規定，將其區分為以廣告主之商品或服務為內容，為表示「物真價實」所作之廣告，及以附隨事項或他人之商品或服務為內容

之廣告（黃茂榮，2000）。前者即以下所稱之「法定不實廣告」；後者所包括如薦證廣告、比較廣告則歸類於「其他類型不實廣告」中分別說明。

一、法定不實廣告

此係指《公平交易法》第21條明文所定之不實廣告。《公平交易法》第21條第1項規定：「事業不得在商品或廣告上，或以其他使公眾得知之方法，對於與商品相關而足以影響交易決定之事項，爲虛僞不實或引人錯誤之表示或表徵。」第2項：「前項所定與商品相關而足以影響交易決定之事項，包括商品之價格、數量、品質、內容、製造方法、製造日期、有效期限、使用方法、用途、原產地、製造者、製造地、加工者、加工地，及其他具有招徠效果之相關事項。」

第3項：「事業對於載有前項虛僞不實或引人錯誤表示之商品，不得販賣、運送、輸出或輸入。」在第4項中規定：「前三項規定，於事業之服務準用之。」由於商品之價格、數量、品質、內容等各項資訊常被消費者引爲購買決策時的重要判斷依據，因此，部分業者即利用消費者此一消費習性，對上述各項資訊做虛僞不實或引人錯誤之廣告標示，例如品質內容與商品名稱不符、以實際價格和比較對照價格並陳之不實價格比對、國產品標示爲進口品，甚或塗改有效期限等，造成消費者權益受損，對其他以正當方式銷售之業者則造成不公平競爭。

實務上之案例如：

案例一：對商品價格之不實廣告

112年08月07日公處字第112053號處分書「被處分人於民視消費高手購物網銷售『美國迷你清淨機【市場最低價】Honeywell BabyAir嬰兒

車用戶外空氣清淨機』商品宣稱『市場最低價』，就足以影響交易決定之商品價格爲虛僞不實及引人錯誤之表示，違反《公平交易法》第21條第1項規定。」處民視文化事業股份有限公司新台幣五萬元罰鍰。

案例二：對服務內容之不實廣告

112年09月15日公處字第112070號處分書「被處分人銷售『新楓之谷』線上遊戲，舉辦『幸運的寶箱』活動，刊載『Bonus獎勵—核心寶石』機率表，就足以影響交易決定之服務內容爲虛僞不實及引人錯誤之表示，違反《公平交易法》第21條第4項準用第1項規定。」處遊戲橘子數位科技股份有限公司新台幣兩百萬元罰鍰。

除上述案例外，在不實廣告中也常見企業宣稱其爲「第一」、「獨家」、「冠軍」等最高級客觀事實陳述用語，此時必須要有公正客觀的銷售數據或意見調查等客觀數據佐證，並於廣告中載明資料引述之來源。如非屬眞實有據，則可能會違反了《公平交易法》第21條的規定。

二、其他類型不實廣告

(一)薦證廣告（推薦、保證、見證廣告）

在廣告中使用名人、專業人士或一般消費者來推薦企業主的商品或服務，這是廣告中常見的手法，此外，這種方式也常被用於「資訊式廣告」（infomercial）中，透過對來賓（可能是名人、專家或一般消費者）的訪問、產品介紹或展示等型態，向電視機前的觀眾傳送有關商品的資訊。

薦證廣告包括一般消費者的證言（testimonials from the average

consumer）、名人薦證（celebrity endorsements）及專家薦證（expert endorsement）三種主要類型（范建得，1999）。依新修正之《公平交易委員會對於薦證廣告之規範說明》（2017）第2點第1款中指出，所謂薦證廣告：「指廣告薦證者，於廣告或以其他使公眾得知之方法反映其對商品或服務之意見、信賴、發現或親身體驗結果，製播而成之廣告或對外發表之表示。」另於第2點第2款中稱，廣告薦證者（以下簡稱薦證者）：指廣告主以外，於薦證廣告中反映其對商品或服務之意見、信賴、發現或親身體驗結果之人或機構，其可爲知名公眾人物、專業人士、機構及一般消費者。是故，當廣告陳述者係基於廣告主之立場來爲敘述時，此種陳述並不構成所謂之薦證。

不當的薦證行爲在美國是受到FTC所規範的。FTC在1990年頒布的《廣告指導》（guidance）中，納入了「與廣告證言、見證之使用相關的指導原則」（Guides Concerning Use of Endorsements and Testimonials in Advertising）部分，其中採納了消費者保護之主張，並提出如何認定此種廣告是否構成不公平（unfair）與欺罔（deceptive）之指導原則（范建得，1999）。

在我國《公平交易委員會對於薦證廣告之規範說明》第4點「薦證廣告之商品或服務涉及違反本法之行爲態樣」第1款中指出，薦證廣告之商品或服務有下列虛偽不實或引人錯誤之表示或表徵者，涉及違反《公平交易法》第21條規定：

1.無廣告所宣稱之品質或效果。
2.廣告所宣稱之效果缺乏科學學理或實驗依據之支持。
3.無法於廣告所宣稱之期間內達到預期效果。
4.廣告內容有《公平交易委員會對於公平交易法第21條案件之處理原則》第17點所示情形之一。
5.經目的事業主管機關認定爲誇大不實。

6.其他就商品或服務為虛偽不實或引人錯誤之表示或表徵。

在《公平交易委員會對於薦證廣告之規範說明》第6點對違反《公平交易法》規定之罰則與法律責任，依廣告主、薦證者、廣告代理業與廣告媒體業而有相關規範：

1.廣告主：

(1)本會對於違反《公平交易法》規定之事業，依據第42條規定得限期令停止、改正其行為或採取必要更正措施，並得處新台幣五萬元以上二千五百萬元以下罰鍰；屆期仍不停止、改正其行為或未採取必要更正措施者，得繼續限期令停止、改正其行為或採取必要更正措施，並按次處新台幣十萬元以上五千萬元以下罰鍰，至停止、改正其行為或採取必要更正措施為止。

(2)事業違反《公平交易法》之規定，除前述行政責任或其他刑事責任外，被害人並得循《公平交易法》第五章之規定請求損害賠償。

2.薦證者：

(1)薦證者倘為商品或服務之提供者或銷售者，即為本規範說明所稱之廣告主，適用有關廣告主之規範。

(2)薦證者與廣告主故意共同實施違反《公平交易法》之規定者，仍得視其從事薦證行為之具體情形，依廣告主所涉違反條文併同罰之。

(3)薦證者明知或可得而知其所從事之薦證有引人錯誤之虞，而仍為薦證者，依《公平交易法》第21條第5項後段規定，與廣告主負連帶損害賠償責任。但薦證者非屬知名公眾人物、專業人士或機構，依《公平交易法》第21條第5項但書規定，僅於受廣告主報酬十倍之範圍內，與廣告主負連帶損害賠償責任。

(4)薦證者因有第(2)、第(3)項情形，而涉及其他法律之規範者，並可能與廣告主同負其他刑事責任。

3.廣告代理業：

(1)廣告代理業依其參與製作或設計薦證廣告之具體情形，得認其兼具廣告主之性質者，依《公平交易法》關於廣告主之規範罰之。

(2)廣告代理業在明知或可得而知情形下，仍製作或設計有引人錯誤之廣告，依《公平交易法》第21條第5項前段規定與廣告主負連帶損害賠償責任。

4.廣告媒體業：

(1)廣告媒體業依其參與製作、設計、傳播或刊載薦證廣告之具體情形，得認其兼具廣告主之性質者，依《公平交易法》關於廣告主之規範罰之。

(2)廣告媒體業在明知或可得而知其所傳播或刊載之廣告有引人錯誤之虞，仍予傳播或刊載，依《公平交易法》第21條第5項中段規定與廣告主負連帶損害賠償責任。

(二)比較廣告

比較廣告意指直接或間接就兩種或多種競爭品牌之一種或多種屬性做比較的廣告型式（盧瑞陽、余朝權、林金郎、張家琳，2006）。廣告主在廣告中，除了吹噓自己的商品或服務外，還為了廣告自己的商品或服務，提及競爭者之商品或服務，此類廣告因具有對襯的意思，所以稱為比較廣告。從事比較廣告的目的不外乎透過對比，以凸顯自己的優點；或為影射，以將競爭者比下去；或貶抑，以阻擾其業務。由於此類廣告內容涉及關於他人之資訊，因此不但在關於競爭者之資訊不實或有引人錯誤的情事時，而且在不能證明為真實時，皆應論為不正競爭（鄭

優等，1999）。

105.11.14公競字第10514613351號令發布《公平交易委員會對於比較廣告案件之處理原則》，第5、6點明列比較廣告違法類型。第5點規定：「事業於比較廣告無論是否指明被比較事業，不得就自身與他事業商品之比較項目，爲下列之行爲：

1.就自身或他事業商品爲虛僞不實或引人錯誤之表示或表徵。
2.以新舊或不同等級之商品相互比較。
3.對相同商品之比較採不同基準或條件。
4.引爲比較之資料來源，不具客觀性、欠缺公認比較基準，或就引用資料，爲不妥適之簡述或詮釋。
5.未經證實或查證之比較項目以懷疑、臆測、主觀陳述爲比較。
6.就某一部分之優越而主張全盤優越之比較，或於比較項目僅彰顯自身較優項目，而故意忽略他事業較優項目，致整體印象上造成不公平之比較結果。
7.就比較商品之效果表示，並無科學學理或實驗依據。
8.其他就重要交易事實爲虛僞不實或引人錯誤之比較行爲。」

第6點規定：「事業於比較廣告，不得爲競爭之目的，陳述或散布不實之情事，對明示或可得特定之他事業營業信譽產生貶損之比較結果。」

在法律效果部分，《公平交易委員會對於比較廣告案件之處理原則》第7點規定：「事業違反第5點者，可能構成《公平交易法》第21條之違反。事業違反第6點者，可能構成《公平交易法》第24條之違反。」

從提供消費者資訊觀點來看，比較廣告中提供了消費者更多關於競爭商品或服務的資訊，對協助消費者做決策是有幫助的；另外，比較廣告亦涉及事業從事廣告競爭的言論權利，以及被比較事業維持商標及商

譽的正當權益應如何取得平衡（劉孔中，2003）。

美國FTC認為真實的、無欺罔的比較廣告本身即具有幫助消費者做出理性選擇之正面效果，且有助於鼓勵改良、創新，因此，美國FTC關於比較廣告之規制政策僅著眼於「不實的」（商譽）貶抑的防止（石世豪，2004）。在實際作法上，FTC要求：(1)鼓勵業者於比較廣告中表明競爭者之名稱或提及競爭者；(2)要求業者提供明確且必要而沒有欺瞞的標示與資訊給消費者；(3)貶抑性的廣告是被允許的，只要其內容真實且無欺罔；(4)對於真實而無欺罔之比較廣告的使用，媒體業者以及自律團體都不應該依據其自律規範來加以限制；(5)對於比較廣告內容的「實證」要求，採取與一般廣告同等標準的評價，業者團體的自律規範若有較高基準的要求或解釋，則是不適切的，應加以修正（何美玲，2006）。

「真實客觀」是比較廣告問題的核心。比較廣告之呈現，在提供資訊的透明與流通，但不實的比較廣告即對其廣告內容有所隱匿，具有違法性。比較廣告並不必然成為不實廣告，公平會實務上認為比較廣告具有「合法性」允許商品或服務為比較廣告，如認為比較廣告有不實或引人錯誤之情形時，才例外予以禁止（陳櫻琴，1999）。

 第三節　不實廣告的判斷原則

在廣告是否虛偽不實或引人錯誤的判斷上，商業廣告的對象通常都是一般的消費大眾，依新修正之《公平交易委員會對於公平交易法第二十一條案件之處理原則》（2022），針對虛偽不實或引人錯誤之表示或表徵之判斷原則，於第7點中詳細規定如下：

1.表示或表徵應以相關交易相對人普通注意力之認知，判斷有無虛

僞不實或引人錯誤之情事。

此係指,由於商品品類各有不同,價格與產品特性也有簡單與複雜之分,購買之消費者則是男女老少皆有,故其注意力迥異,因此,均應予以合理的考慮,務求合乎一般購買人注意力的認定標準,也就是以平均消費者之典型購買狀況是否有產生誤認之危險爲準(朱鈺洋,1993)。

2.表示或表徵之內容以對比或特別顯著方式爲之,而其特別顯著之主要部分易形成消費者決定是否交易之主要因素者,得就該特別顯著之主要部分單獨加以觀察而判定。

廣告雖在激起消費者之購買慾,但消費者在廣告訊息充斥之情況下,對廣告訊息之細節通常不會詳加探究,因此,判斷廣告是否虛僞不實或引人錯誤,應就廣告整體加以觀察,以辨別其是否眞實或有無誤認之虞。此即通體觀察原則(徐火明,1992)。

此外,再深入區分,廣告又可分爲主要與附屬部分,所謂主要部分,係指廣告構成要素中,依一般消費者之認識爲準,其中最引人注意或最醒目之部分。如主要部分在外觀上、名稱上、觀念上使人陷於錯誤者,而附屬部分雖係眞實,仍應認爲虛僞不實或引人錯誤廣告(朱鈺洋,1993)。

3.表示或表徵隔離觀察雖爲眞實,然合併觀察之整體印象及效果,有引起相關交易相對人錯誤認知或決定之虞者,即屬引人錯誤。

當一則廣告在不同時間與不同地點分別觀察,若發現多數消費大眾觀看廣告後留下之模糊記憶,認爲與事實不相符合,則此廣告仍屬虛僞不實或引人錯誤之廣告。

由於《公平交易法》第21條是以預防危險發生爲目的,所以並不要求虛僞不實及引人錯誤標示或廣告確實誤導相對人,危險也不需要轉化爲具體實害,而以有誤導危險可能性已足。其次,不論

欺罔、虛偽不實或引人錯誤所要防範的危險是行為相對人有受到誤導之虞，也就是標示或廣告未能符合行為相對人主觀認知上的期待，至於該標示或廣告在客觀上是否絕對正確，並非重點。亦即所要考慮者是標示或廣告所訴求的相對人對該標示或廣告的認知，而不是其客觀的意義。

4.表示或表徵有關之重要交易資訊內容於版面排版、位置及字體大小顯不成比例者，有引起相關交易相對人錯誤認知或決定之虞。

5.表示或表徵有關之負擔或限制條件未充分揭示者，有引起相關交易相對人錯誤認知或決定之虞。

6.表示或表徵客觀上具有多重合理的解釋時，其中一義為真者，即無不實。但其引人錯誤之意圖明顯者，不在此限。

7.表示或表徵與實際狀況之差異程度。

8.表示或表徵之內容是否足以影響具有普通知識經驗之相關交易相對人為合理判斷並作成交易決定。

9.表示或表徵之內容對於競爭之事業及交易相對人經濟利益之影響。表示或表徵與實際狀況之差異程度，得參酌目的事業主管機關或公正客觀專業機構之意見予以判斷。

此外，標示或廣告必須足以誤導相當數量的行為相對人。在德國與美國實務上大多接受百分之十至十五之消費者為相當數量。至於數量之取得，通常以市場調查方式來確定。當然若涉及攸關人身健康、安全的標示或廣告，則可以更低的百分比認定相當數量，但是同時必須適當考量市場上自由競爭的需要（劉孔中，2003）。

總結來說，從競爭角度以觀，廣告如影響到競爭即應加以禁止，因消費者信賴不實廣告中主要事實之陳述、訴求且進而受吸引而消費，如此因而導致競爭者受到傷害，消費者利益受損，也使市場競爭秩序喪失其原應有之效能，因此，應予禁止。

參考書目

尤英夫（2008）。《大眾傳播法》。台北：新學林。

台灣數位媒體應用暨行銷協會（DMA）。網站，https://www.dma.org.tw/
　　about，上網檢視日期：2023/11/12。

石世豪（2004）。《公平交易法之註釋研究系列(二)——第十八條至第二十四
　　條》。行政院公平交易委員會93年度委託研究報告二。台北：行政院公
　　平交易委員會。

朱鈺洋（1993）。〈虛偽不實及引人錯誤廣告在不正競爭防止法上之規
　　範〉。未出版之碩士論文，國立中興大學法律學研究所。

行政院公平交易委員會。網址：http://www.ftc.gov.tw/upload/28c0c0ab-1502-
　　4d23-b6eb-51f30f1f2510.pdf，上網檢視日期：2023/11/20。

何美玲（2006）。〈比較廣告在不正競爭法上之研究〉。未出版之碩士論
　　文，天主教輔仁大學財經法律研究所碩士論文。

沈榮寬、謝杞森（1993）。《公平交易法論述系列九——虛偽不實廣告標示
　　行為之探討》。台北：行政院公平交易委員會。

林東昌（1999）。〈公平交易委員會對不實廣告的規範〉。《萬國法律》，
　　103：52-62。

范建得（1999）。〈論薦證廣告之規範——以美國經驗為例〉，《第三屆競
　　爭政策與公平交易法學術研討會論文集》，275-300。台北：行政院公平
　　交易委員會。

范建得、莊春發（1992）。《公平交易法Q&A，範例100》。台北：商周文
　　化。

徐火明（1992）。《從美德與我國法律論商標之註冊》。台北：瑞興。

陳汝吟（2008）。〈數位化廣告法規範架構之研究——以民事責任之探討為
　　中心〉。未出版之博士論文，東吳大學法學院法律學系博士班。

陳玲玉（1979）。〈論引人錯誤廣告與廣告主之法律責任〉。未出版之碩士

論文，國立臺灣大學法律研究所。

陳櫻琴（1999）。《「比較廣告」理論與案例》。台北：翰蘆。

黃立（1999）。〈消保法有關廣告規定之適用〉。《政大法學評論》，62：167-228。

黃茂榮（1993）。《公平交易法理論與實務》。台北：植根。

黃茂榮（2000）。〈公平交易委員會關於廣告之規範政策與實務的檢討〉，《第四屆競爭政策與公平交易法學術研討會論文集》，頁247-284。台北：行政院公平交易委員會。

趙麗雲、林輝煌（2002）。〈不法商業廣告之態樣分析〉，《國家政策論壇》，2(6)。http://old.npf.org.tw/PUBLICATION/EC/090/EC-R-090-022.htm，上網檢視日期：2010.09.10。

劉孔中（2003）。《公平交易法》。台北：元照出版。

鄭優、單驥、黃茂榮、江炯聰（1999）。〈公平交易委員會關於廣告之規範政策與實務的檢討〉，《植根雜誌》，15(9)：403-513。

盧瑞陽、余朝權、林金郎、張家琳（2006）。〈台灣不法比較廣告之研究──2004年案例研析〉，《公平交易季刊》，14(3)：27-64。

Moriarty, S., Mitchell, N., & Wells, W. (2019). *Advertising Principles & Practice* (8th ed.), Upper Saddle River, NJ: Pearson Education.

Wikipedia. Puffery. Available from http://en.wikipedia.org/wiki/Puffery，上網檢視日期：2023/11/12。

Chapter
9

傳統媒體與網路時代的
虛偽不實與吹牛廣告
——數位媒體篇

張佩娟
輔仁大學廣告傳播學系專任副教授兼系主任

- 數位廣告平台與業者
- 網路不實廣告之類型
- 網路不實廣告相關當事人之法律
  責任——以《公平交易法》為主
- 不實廣告的責任與更正廣告

　　隨著科技的發展，傳播媒體類型與傳播模式亦日趨多元，新興的網路媒體，透過網路技術及特性之搭配應用，各種不同類型的網路數位廣告，更以其新穎、變化快速、大量傳送等特性，吸引了消費者的目光，然當其以不實廣告吸引消費者購買時，對消費者之危害更甚於傳統媒體上刊播之廣告。以行政院公平交易委員會處罰虛偽不實或引人錯誤廣告行為案件統計數量為例，民國111年之不實廣告處分案件有61件。在112年，截至11月為止，不實廣告的行政決定已有52件，其中42件有使用購物平台、臉書社群、品牌網站等數位廣告媒體刊登廣告。

　　本章內容規劃如下，第一節介紹數位廣告平台與業者；第二節說明網路不實廣告之類型；第三節探討網路不實廣告相關當事人之法律責任——以《公平交易法》為主。最後第四節則闡述不實廣告應負的相關責任及更正廣告。

第一節　數位廣告平台與業者

　　網際網路在近年來的蓬勃發展，吸引了各類商業活動也廣泛地運用網路作為新的交易或傳播媒介。網路數位廣告（digital advertising）最主要的目的也是在傳遞資訊，以創造買方與賣方的交易。本節將先介紹網路不實廣告之相關當事人，包括消費者，平台媒體，以及廣告主，其中特別針對平台媒體與廣告主做進一步之說明。

網路不實廣告之相關當事人

　　在網路數位廣告的傳播模式中，其相關當事人包括：

(一)網路使用者（消費者）

網路使用者（消費者）即使用網路進行瀏覽資訊或取得其他相關服務之人。

(二)平台媒體（網路服務提供者）

平台媒體（網路服務提供者）在網路上有提供廣告版面出租供廠商刊登廣告之廣告版面出租者，目前大多數之廣告版面出租者均屬網路服務提供者（王博鑫，2009）。平台媒體銷售數位廣告的空間，廣告主可在平台上投放數位廣告，舉凡入口網站、新聞媒體網站、視訊串流網站、行動裝置之應用程式，以及可刊登「展示廣告」之社群（媒體）網站等（林文宏，黃明超，2021）。

理論上，凡建構在網際網路上的網站都可以成為媒體網站。而實際上，凡以收取費用或以獲得其他有形或無形的利益為代價，在其網站提供他人刊登廣告機會或廣告版面者，均可稱為網路數位廣告媒體業者（王博鑫，2009）。其中提供連線服務的業者，由於其首頁通常是網路連線時網友必經之處，因此也就吸引了廣告主來刊登廣告。另外，也有由中小型網站共同組成的廣告聯播網（Ad Network），接受廣告主委託播送廣告，因此，聯播網一方面可成為廣告代理商，另外他們也扮演著媒體業者的角色。

(三)廣告主

包含網路數位廣告刊登者、網路數位廣告媒體業者及代理業者。網路數位廣告刊登者即一般所稱之廣告主，而網路數位廣告主即是藉網際網路從事其商品或服務宣傳之事業。

《公平交易委員會對於網路數位廣告案件之處理原則》中所明定之廣告主有二類，其中第3點：「事業為銷售商品或服務，於網際網路刊播網路數位廣告者，為廣告主。前項所稱廣告主，包含經常提供商品或服務從事交易之社群網站用戶（例如：部落客、網紅、直播主等）。」及第4點：「由供貨商與網站經營者共同合作完成之購物網站廣告，其提供商品或服務資訊之供貨商，及以自身名義對外刊播並從事銷售之網站經營者，均為該網路數位廣告之廣告主。

　　前項所稱網站經營者，包含部落客、網紅、直播主等。」

　　網路的蓬勃發展，也帶起一股網紅經濟，由於網紅憑藉其人氣所帶來之行銷效益十分驚人，現在也成為企業主爭相採用的行銷手法，例如業配、合作銷售。公平交易委員會於2023年2月21日特公告修正《網路廣告案件處理原則》，在第9點中明訂，「與廣告主故意共同實施之薦證者或社群網站用戶（例如：部落客、網紅、直播主等），得依廣告主所涉違反條文併同罰之。」但是否一律將部落客、網紅及直播主視為「廣告主」，要求負不實廣告的行政責任，仍應依個案實際狀況作認定。因為不同部落客、網紅及直播主對宣傳行銷涉入的態樣、程度均不同，因此，相關處罰上，仍將部落客、網紅及直播主之身分區分為「薦證者」或「廣告主」。若部落客、網紅及直播主係以自身名義開團或採取與供貨商配合、從商品銷售額獲得一定比例分潤抽成的合作模式時，會有較高機率被認定為「廣告主」；但如其推薦商品或服務，僅係收取一次性代言費，因其未與企業主（供貨商）有合作銷售，較易被認定為「薦證者（許綾殷，2023）。

　　網路數位廣告代理業者所扮演的角色有二：一方面係指代理網路數位廣告業主研擬商品或服務的廣告計畫，並在廣告主審核確認後加以執行，為網路數位廣告主選擇安排各種媒體，爭取最佳廣告效益；另一方面，亦可指代理網路數位廣告媒體經營者向網路數位廣告主爭取廣告，

並在廣告刊播後，負責向廣告主收取廣告費轉交網路數位廣告媒體之業者。

 第二節　網路不實廣告之類型

首先，所謂「網路數位廣告」係指事業為銷售商品或服務，以網際網路為媒介，提供商品或服務相關資訊，以招徠交易機會之傳播行為，包含事業自身網站廣告、購物網站廣告、網路商店廣告、社群網站廣告、電子郵件廣告及網際傳真廣告等（胡仲男，2013）。在網路數位廣告型態部分，最常使用的兩個工具是電子信箱以及網站，發展較早的是透過電子信箱的廣告模式，包括：直接寄發電子郵件廣告（eDM）、贊助電子論壇及電子郵件新聞稿，以及廣告贊助的電子信箱（王博鑫，2009），還有簡訊（SMS、MMS）；至於在網站上的廣告模式，較為常見的類型包括：展示型（display ads）、影音廣告（video ads）、關鍵字廣告（search ads）、內容口碑（buzz/content marketing）（其中又包括內容置入、網紅直播、業配及口碑操作）（DMA網站）。

互動與即時是網路數位廣告之最大特性，因此，在網路不實廣告之定義上，首先亦需與傳統不實廣告做一區分。網路不實廣告之意涵定義如下：「即網路不實廣告，係指廣告主利用網際網路傳播媒介，以多媒體技術，對所傳播之有關商品、服務、形象或觀念等訊息，以誇張、歪曲事實或遺漏應為陳述事實等手法，使消費者有陷於錯誤之虞」。而此種錯誤包括虛偽不實和引人錯誤之廣告兩種類型，亦即導致消費者發生錯誤，並足以造成消費者或同業競爭者之損失之謂（王博鑫，2009）。

在網路不實廣告類型部分，公平交易委員會112.2.21公競字第1121460179號令發布《公平交易委員會對於網路數位廣告案件之處理原

則》，其中第8點規定，「網路數位廣告不得有下列虛僞不實或引人錯誤之表示或表徵：

1. 廣告所示價格、數量、品質、內容及其他相關交易資訊等與事實不符。例如：服飾業者於自身網站及購物網站銷售瘦身商品，不實表示「穿著就能瘦、不用特意節食」等語。

2. 廣告內容及交易條件發生變動或錯誤需更正時，未充分且即時揭露，而僅使用詳見店面公告或電話洽詢等方式替代。例如：流通業者於自身網站刊播商品促銷活動廣告，但於活動期間變更促銷商品之品項或型號，卻未充分即時揭露。

3. 廣告就贈品（或贈獎或抽獎）活動之內容、參加辦法等與實際不符；或附有條件、負擔或其他限制，未予以明示。例如：直播主爲促銷其商品或服務，於YouTube直播抽獎活動廣告，未同時揭露獲獎後，領取獎項資格之限制條件。

4. 廣告就重要交易資訊及相關限制條件，未予明示或雖有登載，但因編排不當，致引人錯誤。例如：電信業者於社群網站刊播電信資費影音廣告，就資費優惠之限制條件，因字體細小、顏色淺淡、畫面變動等綜合因素，以致消費者無法明確知悉該限制條件之內容。

5. 廣告使人誤認商品或服務已獲政府機關或其他專業機構核發證明或許可。例如：家電業者於自身網站或購物網站刊播電器商品廣告，宣稱具有節能標章，但實際未曾獲得或已逾期失效；或宣稱能源效率等級但已變更較低等級。

6. 廣告內容提供他網站超連結，致消費者就其商品或服務之品質、內容或來源等產生錯誤之認知或決定。例如：家電維修業者於自身網站提供冷氣機原廠網站超連結，使消費者誤認其爲原廠分駐各縣市之維修服務站，或與原廠具授權或代理關係。

7.廣告提供禮券、買一送一、下載折價優惠券等優惠活動，但未明示相關使用條件、負擔或期間等。例如：網紅為銷售其商品或服務於Instagram刊播商品優惠活動，未完整揭露活動限時限量或不適用之購買商品範圍等限制條件。

除上述類型外，第9點針對網路薦證廣告規定：「網路數位廣告以他人薦證或社群網站用戶（例如：部落客、網紅、直播主等）撰文或影音等方式推廣商品或服務者，廣告主應確保其內容與事實相符，不得有前點所列之行為。」

《公平交易委員會對於網路數位廣告案件之處理原則》第11點進一步規定：「網路數位廣告案件除受本處理原則規範外，仍應適用《公平交易法》第21條及相關處理原則之規定。」

在違反之法律效果上，《公平交易委員會對於網路數位廣告案件之處理原則》第10點明定：「事業違反第8點及第9點，可能構成《公平交易法》第21條之違反。」

在不實網路廣告中，廣告主分為兩類，公平會處罰之實務案例如下：

案例類型一

《公平交易委員會對於網路數位廣告案件之處理原則》第3點【廣告主一】：「事業為銷售商品或服務，於網際網路刊播網路廣告者，為廣告主。前項所稱廣告主，包含經常提供商品或服務從事交易之社群網站用戶（例如：部落客、網紅、直播主等）」。

案例：112年6月29日公處字第112043號處分書「被處分人於露天拍賣網站銷售『單車倉庫Hiland PSESONE電動輔助自行車』商品，廣告刊載『台灣製造閃電標章合法上路100KM』等文字，並輔以『電動輔助自

行車型式審驗合格標章』圖示，就足以影響交易決定之商品品質為虛偽
不實及引人錯誤之表示，違反《公平交易法》第21條第1項規定。」處
新台幣5萬元罰鍰。被處分人為「事業」，即廣告主。

案例類型二

　　《公平交易委員會對於網路數位廣告案件之處理原則》第4點【廣
告主二】：「由供貨商與網站經營者共同合作完成之購物網站廣告，其
提供商品或服務資訊之供貨商，及以自身名義對外刊播並從事銷售之網
站經營者，均為該網路廣告之廣告主。前項所稱網站經營者，包含部落
客、網紅、直播主等。」

　　案例：112年10月27日公處字第112085號處分書「被處分人於
PChome24h購物網站銷售『Besthot全新二代滅火龍汽車／居家／戶外救
援滅火罐SGS認證適用ABC火災-2入組』商品，廣告刊載『業界唯一產
品通過SGS認證』。……廣告宣稱『業界唯一產品通過SGS認證』，惟
查尚有他牌滅火器亦通過SGS相關測試，爰案關商品廣告就足以影響交
易決定之商品品質為虛偽不實及引人錯誤之表示，違反《公平交易法》
第21條第1項規定。」處網路家庭國際資訊股份有限公司、凱達國際興
業有限公司各新台幣十萬元罰鍰。

　　被處分人網路家庭公司（網站經營者）及被處分人凱達公司（供貨
商）皆為本案廣告主。

第三節　網路不實廣告相關當事人之法律責任——以《公平交易法》為主

當消費者因網路上不實廣告或其他詐欺行為而受有損害之時，提供網際網路不同服務的業者，究竟有誰應負相關之法律責任，正是此新興媒體值得探討與釐清的問題。本文以《公平交易法》第21條之規範為主，另外在《消費者保護法》第23條中亦有相關之規定，業者亦需加以注意。

一、網路數位廣告刊登者（廣告主）

網路數位廣告刊登者在《公平交易法》所負責任方面，主要之爭議在消費者得否作為《公平交易法》之請求權人，由於在不實廣告中，消費者所受之損害大多是直接且具體的，《公平交易法》雖以市場競爭秩序維護為主要目的，但亦兼具保護消費者利益之目的，故應允許因不實廣告遭受損害的消費者可以成為《公平交易法》第30條至第32條之請求權主體，享有防止及排除侵害請求權與請求損害賠償之請求權。

二、網路服務提供者

關於網路服務提供者是否有《公平交易法》第21條規定之適用，則需視網路服務提供者所扮演之角色，如其本身即為網路數位廣告刊登者，則當然受本條之規範。

三、網路數位廣告媒體業者與代理業者

《公平交易法》第21條第4項前段規定：「廣告代理業在明知或可得而知情形下，仍製作或設計有引人錯誤之廣告，與廣告主負連帶損害賠償責任。」本條規定廣告代理業的損害賠償責任屬於過失責任，亦即廣告代理業應依善良管理人之注意義務進行廣告的設計與製作。

就網路數位廣告媒體業者部分，行政院公平交易委員會就《公平交易法》第21條第4項後段有關媒體經營者之過失注意義務程度，曾作出解釋：「……規定課以廣告媒體業負連帶民事責任，係以明知或可得而知情況下始有適用。其目的在使廣告媒體業能對不實或引人錯誤之廣告作相當程度之篩選，因此該條所謂之媒體業限於對廣告主或廣告代理業所提出之廣告有支配能力之可能足以篩選時始有適用。」

四、廣告網站經營者（平台業者）

此類業者係向網路服務提供者申請設立網站，對網頁進行建置、管理，並以該網頁在網際網路自為商品廣告，或提供他人刊登或存取廣告並收取費用之業者。首先，在自行刊登廣告部分，基本上已屬《消費者保護法》第22條所稱之「企業經營者」，故應確保廣告內容之真實，對消費者所負之義務不得低於廣告之內容。其次，在提供他人刊登廣告部分，其性質與傳統媒體業者相同，即接受其他業者之廣告刊登，因此，在廣告的管理與過濾能力上，也與一般傳統媒體經營者無異，因此，亦屬《消費者保護法》所稱之「媒體經營者」。

第四節　不實廣告的責任與更正廣告

　　對違反《公平交易法》第21條規定的事業，其法律效果依現行法並無刑事責任，只有行政法上與《民法》上的責任。在《公平交易法》上負有民事責任之責任主體包括事業、廣告代理業、廣告媒體業與廣告薦證者。而廣告代理業或廣告媒體業與廣告薦證者在不實廣告所應負之責任部分，並不包括行政責任。

　　至於所稱之「事業」，依《公平交易法》第2條關於事業定義之規定，係指公司、獨資或合夥之工商行號、同業公會、其他提供商品或服務從事交易之人或團體。是以《公平交易法》所規範不實廣告之主體，可能是個人、公司、工商行號或其他從事提供服務或從事交易之團體（劉華美，2002）。

一、民事責任

　　關於不實廣告，《公平交易法》所定之民事責任為：

1.關於除去、防止侵害請求權：《公平交易法》第30條規定：「事業違反本法之規定，致侵害他人權益者，被害人得請求除去之；有侵害之虞者，並得請求防止之。」

2.關於損害賠償責任：《公平交易法》第31條規定：「事業違反本法之規定，致侵害他人權益者，應負損害賠償責任。」第32條規定：「法院因前條被害人之請求，如為事業之故意行為，得依侵害情節，酌定損害額以上之賠償。但不得超過已證明損害額之三倍（第一項）。侵害人如因侵害行為受有利益者，被害人得請求

專依該項利益計算損害額（第二項）。」第33條規定：「本章所定之請求權，自請求權人知有行為及賠償義務人時起，二年間不行使而消滅；自為行為時起，逾十年者亦同。」

由上述條文規定可知，行為相對人對廣告主所作虛偽不實或引人錯誤的表示或表徵，得依《公平交易法》第30條請求其除去並防止之；行為相對人權益如受有侵害，並得依第31條請求其賠償損害。

至於廣告代理業與廣告媒體業，《公平交易法》第21條第4項規定：「廣告代理業在明知或可得而知情形下，仍製作或設計有引人錯誤之廣告，與廣告主負連帶損害賠償責任。廣告媒體業在明知或可得而知其所傳播或刊載之廣告有引人錯誤之虞，仍予傳播或刊載，亦與廣告主負連帶損害賠償責任。此為廣告代理業及廣告媒體業就不實廣告在民事上應與廣告主負連帶損害賠償責任之規定（黃茂榮，1998）。

對廣告媒體業在「明知」或「可得而知」情況下有連帶民事責任之規定，依公研釋○○二號之說明，其目的在使廣告媒體業能對不實或引人錯誤之廣告作相當程度之篩選，因此該條所謂之媒體業限於對廣告主或廣告代理業所提出之廣告有支配能力之可能足以篩選時始有適用。違反《公平交易法》第21條第4項規定時，「廣告媒體業僅負民事連帶責任，並無刑事及行政責任，而民事連帶責任乃普通法院審理之權責，故廣告媒體業之適用範圍仍由法院認定。」

在廣告薦證者責任部分，廣告薦證者明知或可得而知其所從事之薦證有引人錯誤之虞，而仍為薦證者，與廣告主負連帶損害賠償責任。但廣告薦證者非屬知名公眾人物、專業人士或機構，僅於受廣告主報酬十倍之範圍內，與廣告主負連帶損害賠償責任。

前項所稱廣告薦證者，指廣告主以外，於廣告中反映其對商品或服務之意見、信賴、發現或親身體驗結果之人或機構。至於網紅、部落客等應負之責任，則視其所涉入的程度與態樣來判斷其身分為「廣告主」

或「薦證者」。

二、行政責任

《公平交易法》第42條規定：「主管機關對於違反第21條、第23條至第25條規定之事業，得限期令停止、改正其行為或採取必要更正措施，並得處新台幣五萬元以上二千五百萬元以下罰鍰；屆期仍不停止、改正其行為或未採取必要更正措施者，得繼續限期令停止、改正其行為或採取必要更正措施，並按次處新台幣十萬元以上五千萬元以下罰鍰，至停止、改正其行為或採取必要更正措施為止。」另依據《公平交易法施行細則》第29條規定：「事業有違反本法第21條第1項、第4項規定之行為，主管機關得依本法第42條規定，令其刊登更正廣告。前項更正廣告方法、次數及期間，由主管機關審酌原廣告之影響程度定之。」其中關於刊登更正廣告之目的，乃鑑於事業以大量、廣泛或長期之不實廣告深入人心，僅命其修正或停止尚不足以扭正消費者之觀念時，即有必要以較長時間之反廣告（更正廣告）糾正消費者錯誤之觀念（沈榮寬、謝杞森，1993）。

最後，關於更正廣告的刊登，依《公平交易委員會對於令為刊登更正廣告案件之處理原則》第2點（令刊登更正廣告之時機）規定：「對於違反《公平交易法》第21條第1項或第4項之事業，倘令其刊登更正廣告，可防止、除去或補救其行為所造成下列危害之一者，得令其刊登更正廣告：

違法行為之交易相對人，將繼續信賴虛偽不實或引人錯誤之資訊而為交易決定，致有影響交易秩序之虞者。

違法行為之交易相對人，因信賴虛偽不實或引人錯誤之資訊，致其權益有受損害之虞者。」

　　第3點則是關於違法行為危害之判斷因素，條文規定：第2點所稱危害之有無及其大小，應就虛偽不實或引人錯誤之表示或表徵，斟酌下列因素判斷之：

1.傳播媒介、數量、頻率、時間長短，及最後使用日期。
2.顯著性及說服力強弱。
3.對交易決定之重要性。
4.相關商品或服務資訊之其他來源。
5.相關商品或服務之交易及消費特性。
6.相關交易活動之持續性。
7.使用前後，相關商品或服務之銷售或供應情形。

　　如不法行為已達危害程度而要求刊登更正廣告時，第4點（如何刊登更正廣告之裁量注意事項）指出：

　　案件符合第2點情形已構成危害者，於要求事業刊登更正廣告相關之方式、時間及數量裁量時，應考量下列事項：

1.違法行為是否為公平交易委員會重點督導事項。
2.事業是否曾因相同或類似行為，受公平交易委員會處分在案。
3.其他處分手段對於事業之嚇阻效果是否充分。
4.事業於公平交易委員會處分前自行採取更正或改正措施之情形。
5.事業之規模、經營情況及營業額。
6.違法行為所得利益。
7.違法行為危害之程度及持續期間。
8.為達到相同更正目的及效果，公平交易委員會採取對事業權益損害較少之其他措施之可行性。
9.事業製作及散播更正廣告之負擔，與更正廣告效益之衡平性。

對於輕微案件，第5點（輕微案件之排除）則列出排除規定：違法事業之規模、經營情況、營業額及因違法行為所得利益，在一般標準以下，或違法行為危害之程度或持續期間並非顯著，且對市場交易秩序無重大危害者，得不為刊登更正廣告之處分。但依第4點綜合考量，確有令其刊登更正廣告處分之必要者，不在此限。

有下列情形之一者為前項所稱之違法行為危害程度或持續期間非顯著：

1.依違法行為表示或表徵之使用量、或商品或服務之供應數量判斷，可能受不利益者未達相當人數。

2.違法行為表示或表徵之最後使用時間，距本會調查完畢時達半年以上者。但其曾經長期、密集、大量被使用，或其所包含虛偽不實或引人錯誤之資訊，以其他方式繼續散播者，不在此限。

3.違法行為相關商品或服務，於本會調查完畢前，已停止銷售或供應者。

4.違法行為前後，相關商品或服務之銷售或供應量無明顯增加者。

對「更正廣告」內容，第6點（刊登內容之指定）規定：「更正廣告之刊登，應指定具體、明確之說明文字，並得以『更正廣告』為標題，令被處分人刊登。

前項說明文字之指定，應視個案需要揭露違法行為之虛偽不實或引人錯誤事項，及其他足以排除錯誤認知之相關資訊，並載明業經本會處分之意旨。

更正廣告之刊登，應同時要求被處分人不得於更正廣告上為其他相反於前項文字之表示。」

第7點（刊登時間之指定）：「更正廣告之刊登，應令被處分人於限期或指定日期為之，以不逾處分書送達後三十日為限。」

最後則是對刊登方式的指定,第8點(刊登方式之指定):「更正廣告之刊登,應指定方式令被處分人為之。

　　前項刊登方式之指定,應力求使可能因違法行為而受不利益之消費者或事業,得以迅速而確實共見共聞為原則。其刊登媒介、次數、頻率、時段、版面位置及大小、數量,得參酌違法行為之傳播方式定之,必要時並得指定字體或字級大小、顏色、標線等編排方式。」

　　現代社會商業經濟活動發達,廣告可說是企業與消費者之間的橋樑,在競爭激烈的環境中,企業更應積極思考如何透過改善品質、降低成本及加強服務來提昇競爭力,而透過正確資訊的提供,更能協助消費者擬定正確的購買決策,唯有如此,「效能競爭」的目標才能真正獲得實現。

參考書目

王博鑫（2009）。〈網路不實廣告之規範及其民事責任之研究〉。未出版之碩士論文，中國文化大學法律學研究所。

台灣數位媒體應用暨行銷協會。網址：https://www.dma.org.tw/about，上網檢視日期：2023/11/21。

行政院公平交易委員會。網址：http://www.ftc.gov.tw/upload/28c0c0ab-1502-4d23-b6eb-51f30f1f2510.pdf，上網檢視日期：2023/11/22。

沈榮寬、謝杞森（1993）。《公平交易法論述系列九——虛偽不實廣告標示行為之探討》。台北：行政院公平交易委員會。

林文宏、黃明超（2021）。〈與數位廣告市場競爭議題相關之研究〉。公平交易委員會110年度研究發展報告。

胡仲男（2013）。〈新型態廣告規範之研究——以公平交易法為中心〉，《公平交易季刊》，102(7)：143-190。

張雅雯（2008）。〈網路服務提供者就網路違法行為之法律責任〉，《律師雜誌》，228：43-51。

許綾殷。〈網紅團購行為只是單純業配嗎？——從網紅經濟看公平交易委員會對於網路廣告案件處理原則之修正〉。網址：https://winklerpartners.com/zh/%E7%B6%B2%E7%B4%85%E5%9C%98%E8%B3%BC%E8%A1%8C%E7%82%BA%E5%8F%AA%E6%98%AF%E5%96%AE%E7%B4%94%E6%A5%AD%E9%85%8D%E5%97%8E/，上網檢視日期：2023/11/22。

彭文暉（2023）。〈網路廣告不實案件處理規範之法制研析〉。立法院。網址：https://www.ly.gov.tw/Pages/Detail.aspx?nodeid=6590&pid=227883，上網檢視日期：2023/11/20。

著作權筆記。〈何謂ISP〉。網址：http://www.copyrightnote.org/ArticleContent.aspx?ID=3&aid=927，上網檢視日期：2023/11/21。

黃茂榮（1998）。《公平交易法專題研究》。台北：植根。

劉華美（2002）。〈最高行政法院有關不實廣告之裁判之評析〉，《台北大
學法學論叢》，51：1-31。

食品廣告與化粧品廣告
的倫理與法規

鈕則勳
中國文化大學廣告學系專任教授兼系主任

- 食品定義與食品廣告之表現類型
- 食品廣告之倫理法規與案例
- 化粧品定義與化粧品廣告之表現類型
- 化粧品廣告之倫理法規與案例
- 結語

本章擬針對食品廣告及化粧品廣告這兩個主題來陳述其相關之倫理與法規，一方面提醒消費者注意相關產品廣告內容的陳述是否足以相信，以保護自身的權益；另一方面也期待藉本章節使產品業者或廣告代理商產製廣告創意的時候能謹守相關法規之規範。本章的內容規劃如下，第一節與第二節先陳述食品廣告的部分，包括其定義與類型，食品廣告之法規與案例；第三節與第四節陳述化粧品廣告，亦包括定義與類型，進而討論其法規與案例。第五節則是結語。本章若干內容是依據筆者合著《傳播理論與法規》專書筆者撰寫部分；配合最新法規與個案進行改寫。

第一節　食品定義與食品廣告之表現類型

一、食品及健康食品的定義

　　以我國現行的法規來看，食品可以兩個面向來看，首先是《食品安全衛生管理法》中的食品定義，該法中亦同時兼論了特殊營養食品的定義；其次則是《健康食品管理法》中對健康食品的定義。要說明的是，台灣從102年10月間爆發混油風暴後，便針對原來法規進行增修，103年2月5日《食品安全衛生管理法》修正公布，然因103年9月及10月間又接連爆發劣質豬油事件，《食品安全衛生管理法》又進行增修，於103年11月18日立法院三讀通過，最近一次修法則是108年6月12日。

　　在民國108年6月12日修訂的《食品安全衛生管理法》第3條中為食品下了個定義，所稱食品，係指供人飲食或咀嚼之產品及其原料。該條亦指出特殊營養食品的定義，是指嬰兒與較大嬰兒配方食品、特定疾病

配方食品及其他經中央主管機關許可得供特殊營養需求者使用之配方食品。

　　而在民國109年1月15日修正的《健康食品管理法》第2條中也為健康食品下了定義。其指出健康食品，指具有保健功效，並標示或廣告其具該功效之食品。該法所稱保健功效，係指增進民眾健康，減少疾病危害風險，且具有實質科學證據之功效，非屬治療、矯正人類疾病之醫療效能，並經中央主關機關公告者。

　　而在其第3條第1項規定，申請查驗登記之健康食品，符合下列條件之一者，應發給健康食品許可證：(1)經科學化之安全及保健功效評估試驗，證明無害人體健康，且成分具有明確保健功效；其保健功效成分依現有技術無法確定者，得依申請人所列舉具該保健功效之各項原料及佐證文獻，由中央主管機關評估認定之。(2)成分符合中央主管機關所定之健康食品規格標準。第2項規定，第1項健康食品安全評估方法、保健功效評估方法及規格標準，由中央主關機關定之。中央主管機關未定之保健功效評估方法，得由學術研究單位提出，並經中央主管機關審查認可。

二、食品廣告之表現類型

　　劉亞敏（2004）指出了食品廣告的表現方法，包括：(1)視覺的衝擊：如透過繽紛的色彩來呈現，畢竟食品講求色香味俱全，色是第一個。(2)聽覺的刺激：如音樂襯底、食品本身的特質（如清脆聲、開瓶聲……）等。(3)故事情節的想像：如吊胃口的情節、幽默或誇張表現，甚至是刻劃微妙的細節。(4)兒童趣味的特殊作用：特別是宣傳兒童食品時都會有溝通的一些原則，如使產品有意思、廣告有趣味、贈送小孩玩具或其他禮品、卡通人物成為產品的形象代言人等。(5)具原創性、聯想

性、延續性、哲理性、口語性的廣告語。(6)明星代言人策略，來配合品牌形象及產品特質。

以視覺衝擊來說，許多布丁的廣告就是透過布丁不斷扭動的鏡頭來表現其滑嫩Q彈的產品特色，以產生視覺衝擊，刺激消費者的食慾；以聽覺刺激來說，如可樂廣告常會透過氣泡溢出的聲音與人們飲用清涼可樂後暢快的聲音表情，來凸顯出產品的特質。至於故事情節的想像，為消費者熟知的張君雅小妹妹手打麵，就是以幽默調性建構出故事內容來凸顯產品的特色，也獲得許多消費者認同；兒童趣味部分，如Qoo這款針對兒童作為目標消費族群的飲料，建構了卡通人物作為產品代言人，同時在廣告中強打，加上易懂易記的廣告歌曲，不僅使產品變成有趣，也成為討論的話題。

簡單易懂的廣告標語為大多數的廣告產品所運用，食品廣告當然不例外，當年以「好東西要與好朋友一起分享」為主軸的咖啡品牌，紅極一時，至今其廣告標語仍然為消費者傳頌；最後，食品廣告透過代言人表現的方式比比皆是，如日本藝人佐藤健代言黑松茶尋味、陶晶瑩代言桂格大燕麥片、112年金馬獎影帝吳慷仁之前代言桂格燕麥飲、有陽光活力形象的「應援女神—崑崑」代言御茶園等，廠商皆希望代言人的形象和產品連結之後，能藉名人光環來產生刺激產品的認知度及銷量。

第二節　食品廣告之倫理法規與案例

一、食品廣告之倫理法規

與食品有關之法規除了前面章節已敘述過之《公平交易法》21條「虛偽不實、引人錯誤」的相關內容之外，就是以《食品安全衛生管理

法》與《健康食品管理法》為主，兩個法規中亦有針對食品廣告之部分作相當規範；現茲針對兩個法規與廣告有關的部分做細部說明。

以《食品安全衛生管理法》來說，主要有第五章「食品標示及廣告管理」第28條、第29條，第八章「食品查核及管制」的第43條，第九章「罰則」的第45條、46條，以下分別詳述。第28條的內容如下：(1)食品、食品添加物、食品用洗潔劑及經中央主管機關公告之食品器具、食品容器或包裝，其標示、宣傳或廣告，不得有不實、誇張或易生誤解之情形。(2)食品不得為醫療效能之標示、宣傳或廣告。(3)中央主管機關對於特殊營養食品、易導致慢性病或不適合兒童及特殊需求者長期食用之食品，得限制其促銷或廣告；其食品之項目、促銷或廣告之限制與停止刊播及其他應遵行事項之辦法，由中央主管機關定之。(4)第(1)項不實、誇張或易生誤解與第(2)項醫療效能之認定基準、宣傳或廣告之內容、方式及其他應遵行事項之準則，由中央主管機關定之。

第29條的內容為，接受委託刊播之傳播業者，應自廣告之日起六個月，保存委託刊播廣告者之姓名或名稱、國民身分證統一編號、公司、商號、法人或團體之設立登記文件號碼、住居所或事務所、營業所及電話等資料，且於主管機關要求提供時，不得規避、妨礙或拒絕。以兩條文之內容來看，主要仍是規範其內容不得虛偽不實、不得宣稱療效等，以避免消費者誤解，同時亦點出了傳播媒體在刊播相關廣告時應該注意及配合之事項，以及主管機關之主動性職權。

第43條內容包括：(1)主管機關對於檢舉查獲違反本法規定之食品、食品添加物、食品器具、食品容器或包裝、食品用洗潔劑、標示、宣傳、廣告或食品業者，除應對檢舉人身分資料嚴守秘密外，並得酌予獎勵。公務員如有洩密情事，應依法追究刑事及行政責任。(2)前項主管機關受理檢舉案件之管轄、處理期間、保密、檢舉人獎勵及其他應遵行事項之辦法，由中央主管機關定之。(3)第(1)項檢舉人身分資料之保密，於

訴訟程序，亦同。

第45條的內容包括：(1)違反第28條第1項或中央主管機關依第28條第3項所定辦法者，處新台幣四萬元以上四百萬元以下罰鍰；違反同條第2項規定者，處新台幣六十萬元以上五百萬元以下罰鍰；再次違反者，並得命其歇業，停業一定期間，廢止其公司、商業、工廠之全部或部分登記事項，或食品業者之登錄；經廢止登錄者，一年內不得再申請重新登錄。(2)違反前項廣告規定之食品業者，應按次處罰至其停止刊播為止。(3)違反第28條有關廣告規定之一，情節重大者，除依前二項規定處分外，主管機關並應命其不得販賣、供應或陳列；且應自裁處書送達之日起三十日內，於原刊播之同一篇幅、時段，刊播一定次數之更正廣告，其內容應載明表達歉意及排除錯誤之訊息。(4)違反前項規定，繼續販賣、供應、陳列或未刊播更正廣告者，處新台幣十二萬元以上六十萬元以下罰鍰。

第46條內容包括：(1)傳播業者違反第29條規定者，處新台幣六萬元以上三十萬元以下罰鍰，並得按次處罰。(2)直轄市、縣（市）主管機關為前條第(1)項處罰時，應通知傳播業者及其直轄市、縣（市）主管機關或目的事業主管機關。傳播業者自收到該通知之次日起，應即停止刊播。(3)傳播業者未依前項規定停止刊播違反第28條第(1)項或第(2)項規定，或違反中央主管機關依第28條第(3)項所為廣告之限制或所定辦法中有關停止廣告之規定者，處新台幣十二萬元以上六十萬元以下罰鍰，並應按次處罰至其停止刊播為止。(4)傳播業者經依第(2)項規定通知後，仍未停止刊播者，直轄市、縣（市）主管機關除依前項規定處罰外，並通知傳播業者之直轄市、縣（市）主管機關或其目的事業主管機關依相關法規規定處理。

以第45條內容來看，主要在陳述違法後之相關罰則，而此次修法之罰則已更加提高，主要原因是由於近幾年我國食品安全問題頗為嚴重，

民國102年10月中旬爆發的混油事件，更直接影響消費者食品安全之權益，故修法提高罰則及強化相關處罰方式，期待能收嚇阻之效果；如最高罰鍰可到五百萬元，甚至可命其歇業及廢止業者相關登錄等，罰則相對較嚴。至於第46條內容可發現，除業者會成為裁罰對象之外，傳播媒體若無遵守相關規範，亦會成為裁罰之對象，針對傳播業者之裁罰金額從六萬元至六十萬元，並應按次處罰至其停止刊播為止。

從《健康食品管理法》來看，與廣告有關之相關條文主要為第一章「總則」第4條，第二章「健康食品之許可」第6條，第四章「健康食品之標示及廣告」第14條及15條，第五章「健康食品之稽查及取締」第18條，第六章「罰則」第24條，茲分述如下。

以第4條來說，其是在陳述健康食品之保健功效，應以下列方式之一表達：(1)如攝取某項健康食品後，可補充人體缺乏之營養素時，宣稱該產品具有預防或改善與該營養素相關疾病之功效。(2)敘述攝取某種健康食品後，其中特定營養素、特定成分或該食品對人體生理結構或生理機能之影響。(3)提出科學證據，以支持該健康食品維持或影響人體生理結構或生理機能之說法。(4)敘述攝取某種健康食品後的一般性好處。從其條文看來，法規對健康食品的界定與保健功效之敘述在於預防或改善，主要在攝取之後對人體生理結構或機能有較正面之影響，同樣在陳述過程中不能宣稱其治癒疾病之功效。

第6條主要是規範健康食品廣告敘述之內容要依法為之，內容為：(1)食品非依本法之規定，不得標示或廣告為健康食品。(2)食品標示或廣告提供特殊營養素或具有特定保健功效者，應依本法之規定辦理之。第14條的內容為：(1)健康食品之標示或廣告不得有虛偽不實、誇張之內容，其宣稱之保健效能不得超過許可範圍，並應依中央主管機關查驗登記之內容。(2)健康食品之標示或廣告，不得涉及醫療效能之內容。由其內容可知，其和《食品安全衛生管理法》之內容相似，亦即除了訊息

內容不得虛偽不實及誇張之外，與一般食品亦同樣不得宣稱其有醫療效能。

　　第15條主要是規範傳播業者之相關內容，其條文如後：(1)傳播業者不得為未依第7條規定取得許可證之食品刊播為健康食品之廣告。(2)接受委託刊播之健康食品傳播業者，應自廣告之日起六個月，保存委託刊播廣告者之姓名（法人或團體名稱）、身分證或事業登記證字號、住居所（事務所或營業所）及電話等資料，且於主管機關要求提供時，不得規避、妨礙或拒絕。該條文與《食品安全衛生管理法》對傳播媒體規範之內容大致相似，點出了傳播業者應該注意及配合之處。

　　第18條則規範了健康食品只要有相關情況，其製造或輸入之業者，應即通知下游業者，並依規定限期收回市售品，連同庫存品依本法規定處理，其與廣告宣傳有關者有第1項第1款及第8款；第1款之內容為未經許可而擅自標示、廣告為健康食品者。第8款則是有第14條所定之情事者。第24條主要在陳述罰則，內文如下：(1)健康食品業者違反第14條規定者，主管機關應為下列之處分：①違反第1項規定者，處新台幣十萬元以上五十萬元以下罰鍰。②違反第2項規定者，處新台幣四十萬元以上二百萬元以下罰鍰。③前二款之罰鍰，應按次連續處罰至違規廣告停止刊播為止；情節重大者，並應廢止其健康食品之許可證。④經依前三款規定處罰，於一年內再次違反者，並應廢止其營業或工廠登記證照。(2)傳播業者違反第15條第2項規定者，處新台幣六萬元以上三十萬元以下罰鍰，並應按次連續處罰。(3)主管機關為第1項處分同時，應函知傳播業者及直轄市、縣（市）新聞主管機關。傳播業者自收文之次日起，應即停止刊播。(4)傳播業者刊播違反第15條第1項規定之廣告，或未依前項規定，繼續刊播違反第14條規定之廣告者，直轄市、縣（市）政府應處新台幣十二萬元以上六十萬元以下罰鍰，並應按次連續處罰。

　　細部分析，該條文與《食品安全衛生管理法》的規範有相似之處，

亦即除業者會成為裁罰對象之外，傳播媒體若未遵守相關規範，亦會成為裁罰之對象，針對傳播業者之裁罰金額從六萬至六十萬元；其中亦揭示了連續處罰的可能性，並得廢止其營業或工廠登記證照。有差別之處在於，業者違反《健康食品管理法》第14條相關規定，情節重大者，並應廢止其健康食品之許可證。另外，針對業者之罰鍰金額則從最低的十萬元到最高的二百萬元，但其中仍以食品若宣稱有醫療效能者，裁罰較重。

另外值得一提的是，第21條指出：(1)未經核准擅自製造或輸入健康食品或違反第6條第1項規定者，處三年以下有期徒刑，得併科新台幣一百萬元以下罰金。(2)明知為前項之食品而販賣、供應、運送、寄藏、牙保、轉讓、標示、廣告或意圖販賣而陳列者，依前項規定處罰之。由於其可能涉及有期徒刑，是以裁罰頗重。

除了這兩個主要法規相關條文之外，110年5月24日也修正通過了《食品及相關產品標示宣傳廣告涉及不實誇張易生誤解或醫療效能認定準則》，其第1條就規定本準則依《食品安全衛生管理法》（以下簡稱本法）第28條第4項規定訂定之。第3條也規定，標示、宣傳或廣告涉及不實、誇張、易生誤解或醫療效能之認定，應就其傳達與消費者之品名、文字敘述、圖案、符號、影像、聲音或其他訊息，依整體表現，綜合判斷之。第4條寫到，(1)本法第28條第1項食品及相關產品之標示、宣傳或廣告，表述內容有下列情形之一者，認定為涉及不實、誇張或易生誤解：①與事實不符。②無證據，或證據不足以佐證。③涉及維持或改變人體器官、組織、生理或外觀之功能。④引用公文書字號或類似意義詞句。但依法令規定應標示之核准公文書字號，不在此限。(2)食品以「健康」字樣為品名之一部分者，認定該品名為易生誤解。但取得許可之健康食品，不在此限。第5條規定本法第28條第2項食品之標示、宣傳或廣告，表述內容有下列情形之一者，認定為涉及醫療效能：(1)涉及預

防、改善、減輕、診斷或治療疾病、疾病症候群或症狀。(2)涉及減輕或降低導致疾病有關之體內成分。(3)涉及中藥材效能。

　　該準則也有兩個附件，附件一為通常可使用之詞句，附件二為營養素或特定成份之生理功能詞句，舉例如下：通常得使用的詞句或類似的詞句包括，幫助牙齒骨骼正常發育、幫助消化、幫助維持消化道機能、使排便順暢、滋補強身、養顏美容、青春美麗、促進新陳代謝、生津止（解）渴等共二十七項。以附件二而言，如在陳述膳食纖維時，可陳述其可促進腸道蠕動、增加飽足感、使糞便比較柔軟而易於排出等論述；在陳述維生素D時可宣稱能幫助骨骼及牙齒的生長發育；說明到鈣的時候可陳述其可維持骨骼及牙齒的健康；說到碘可提到調節細胞的氧化作用，講到維生素B_{12}可提到增進神經系統的健康等。

　　由於食品為消費者吃到肚子裏的東西，法規之規範勢必嚴格與複雜，但從消費者保護的面向上來看，仍有其重要意義，廣告行銷人員仍得清楚相關規範與注意文案中的遣詞用句。

二、有違法之虞或爭議之案例說明

　　以案例來說，本章節選取了近年來較知名的幾個例子來做說明，並將案例以案例名稱、個案背景、機關論述與違反之法規部分綜合說明之。

案例一：廣告詞涉及誇張療效

　　Dr.穆拉德芯立強PLUS膠囊產品宣稱「……30秒直達心房心室重建……30分300億條管路清油清栓……一天增加心臟幫浦強度等等」等論述被認為違規，違反《食安法》第28條規定，由新北市政府衛生局裁處。食藥署也稱該產品，廣告誆稱為「能有效改善心血管疾病、告別疾

病」等誇張療效，累計開罰198萬（食藥署，112.3.23）。

案例二：廣告論述涉及誇張、易生誤解

食藥署公布111年度廣告違規產品以「日本味王金盞花葉黃素磷脂膠囊」共計34次最多，食藥署官員表示，該產品出現「可修復視神經420%」、「視神經再生+680%」、「視神經靈敏度+800%」等字樣，被依違反《食安法》第28條，食品不能涉有不實、誇張或易生誤解，及醫療效能情形開罰。（陳人齊，2023）

第三節　化粧品定義與化粧品廣告之表現類型

一、化粧品的定義

以民國107年5月2日修正的《化粧品衛生安全管理法》第3條條文來看，可知化粧品之定義如下：「指施於人體外部、牙齒或口腔黏膜，用以潤澤髮膚、刺激嗅覺、改善體味、修飾容貌或清潔身體之製劑。但依其他法令認屬藥物者，不在此限。」第2條中也明定本法所稱之主管機關，在中央為衛生福利部；在直轄市為直轄市政府；在縣（市）為縣（市）政府。

另外衛福部食藥署也在「化粧品範圍及種類表」中，將化粧品分成十四類，內容包括：(1)洗髮用化粧品類：洗髮精、洗髮乳等。(2)洗臉卸粧用化粧品類：洗面霜（乳）、洗面凝膠等。(3)沐浴用化粧品類：沐浴油（乳）、浴鹽等。(4)香皂類。(5)頭髮用化粧品類：護髮乳、定型髮霜、髮油、髮表著色劑、髮蠟、染髮劑、燙髮劑等。(6)化粧水／油／面

霜乳液類：化粧水、化粧用油、剃鬍水、護手霜、防曬霜等。(7)香氛用化粧品類：香水、爽身粉、腋臭防止劑等。(8)止汗制臭劑類：止汗劑、制臭劑等。(9)唇用化粧品類：唇膏、唇油等。(10)覆敷用化粧品類：粉底霜、粉底液、蜜粉等。(11)眼部用化粧品類：眼霜、眼影、睫毛膏、眼部用卸粧油等。(12)指甲用化粧品類：指甲油等。(13)美白牙齒類：牙齒美白劑、牙齒美白牙膏。(14)非藥用牙膏、漱口水類。

二、化粧品廣告之表現類型

化粧品廣告的創意表現方式最常使用的不外乎有下列幾種：

(一)名人代言式

透過美女帥哥來代言化粧品，不僅能使廣大的粉絲仿效使用，也能夠引起話題討論，是以相當多的化粧品廣告皆使用代言人策略；如日本「二刀流」棒球明星大谷翔平擔任KOSE品牌大使與代言人、YouTuber千千代言Simple清妍、林心如代言雅詩蘭黛頂級白金系列、GATSBY的木村拓哉等，這些產品不外乎是想藉藝人的高知名度來帶動產品的認知度及銷量。

(二)問題解決式

化粧品廣告也常會使用這最基本的廣告訴求策略來說服消費者購買；如洗髮精可以修護分岔的頭髮，也能止頭皮屑；粉餅標榜可以遮瑕與抗紫外線；訴求抗痘的面霜等。

(三)局部特寫式

將使用過該化粧品的部位局部特寫放大,來凸顯產品的效果與功能;如睫毛膏廣告會藉由使用過該睫毛膏的眼睛進行特寫,來強調使用過該產品後會有如貓眼般性感的睫毛。

(四)使用者證言

透過消費者證言的方式,來凸顯化粧品的特色;而有的廣告也藉由使用者示範的方式,來凸顯產品的用法及特色。例如有知名的洗髮精的廣告就號召女性消費者在街邊用該洗髮精洗頭,洗完之後都很肯定其功能。

(五)對比比較式

其包含兩種意義,對比是強調使用該化粧品之前後比較,如肌膚變光滑了、頭髮比之前更柔順了、痘痘不見了;比較則是以本品牌化粧品和他品牌的進行比較,來凸顯本品牌化粧品的相對優勢。

除了以上較常使用的五種策略表現方式之外,有的化粧品會以單純展現產品樣貌,透過美編來凸顯產品之精緻性,通常會以平面廣告呈現;除此之外,化粧品廣告亦通常會有故事或劇情型的表現方式來凸顯產品之功能。

🗨️ 第四節　化粧品廣告之倫理法規與案例

一、化粧品廣告之倫理法規

　　與化粧品有關之法規除了前面章節已敘述過之《公平交易法》第21條「虛偽不實、引人錯誤」的相關內容之外，就是以《化粧品衛生安全管理法》與《化粧品衛生安全管理法施行細則》為主，兩個法規中亦有針對化粧品廣告之部分作相當規範；現茲針對兩個法規與廣告有關的部分做細部說明。

　　以《化粧品衛生安全管理法》來說，主要有第三章「廣告與流通管理」第10條，第四章「抽查、檢驗及管制」及第五章「罰則」中亦有述及，以下分別詳述。

　　《化粧品衛生安全管理法》第三章「廣告與流通管理」第10條規範了相關宣傳內容的限制。第1項規定，化粧品之標示、宣傳及廣告內容，不得有虛偽及誇大之情事。第2項規定，化粧品不得為醫療效能之標示、宣傳或廣告。第3項規定，接受委託刊播化粧品廣告之傳播業者，應自廣告之日起六個月，保存委託刊播廣告者之姓名或名稱、國民身分證統一編號、公司、商號、法人或團體之設立登記文件號碼、住居所或事務所、營業所及電話等資料，且於主管機關要求提供時，不得規避、妨礙或拒絕。第4項規定，第1項虛偽、誇大與第2項醫療效能之認定基準、宣傳或廣告之內容、方式及其他應遵行事項之準則，由中央主管機關定之。

　　第四章「抽查、檢驗與管制」第16條規定，化粧品業者有下列情形

之一者，該違規之化粧品不得供應、販賣、贈送、公開陳列或提供消費者適用，第8項就有提到違反第10條第1項或第2項之標示規定。而違反第10條第1項或第2項之標示規定，也應即通知販賣業者，並於主管機關所定期限內回收市售違規產品（第17條）；而違反第10條第1項或第2項之標示規定，經主管機關認定有害衛生安全，該違規之化粧品沒入銷毀之（第18條）。第19條第1項也規定，主管機關對於檢舉查獲違反本法規定之化粧品、標示、宣傳、廣告或化粧品業者，除應對檢舉人身分資料嚴守秘密外，並得酌予獎勵。

第五章「罰則」部分第20條第1項有指出，「違反第10條第1項規定或依第4項所定準則有關宣傳或廣告之內容、方式之規定者，處新台幣四萬元以上二十萬元以下罰鍰；違反同條第2項規定者，處新台幣六十萬元以上五百萬元以下罰鍰；情節重大者，並得令其歇業或廢止其公司、商業、工廠之全部或部分登記事項。第2項規定，化粧品之宣傳或廣告，違反第10條第1項、第2項規定或依第4項所定準則有關宣傳或廣告之內容、方式之規定者，應按次處罰至其改正或停止為止。第3項規定，違反第10條第1項或第2項有關宣傳或廣告規定，情節重大者，除依前二項處分外，主關機關並應令其不得供應、販賣、贈送、公開陳列或提供消費者試用。第4項規定，違反前項廣告規定者，應於裁處書送達三十日內，於原刊播之同一篇幅、時段刊播一定次數之更正廣告，其內容應載明表達歉意及排除錯誤訊息。第5項規定，違反前二項規定，繼續供應、販賣、贈送、公開陳列或提供消費者試用或未刊播更正廣告者，處新台幣十二萬元以上二百萬元以下罰鍰。第21條規定，傳播業者違反第10條第3項規定者，處新台幣六萬元以上三十萬元以下罰鍰，並得按次處罰。

進一步地，從民國108年6月27日修正的《化粧品衛生安全管理法施行細則》來看，與廣告有關之相關條文主要為第8條，本法（化粧品衛

生安全管理法）第20條第1項及第3項所稱情節重大，指下列各款情形之
一者：(1)宣傳或廣告就同一產品宣稱醫療效能，經主管機關連續裁處仍
未停止刊播。(2)宣傳或廣告使民眾產生錯誤認知，致生人體健康之傷害
或致人於死。(3)其他經主管機關認定與前二款情節相當。

此外，民國108年6月4日發布的《化粧品標示宣傳廣告涉及虛偽誇
大或醫療效能認定準則》則將化粧品廣告通常得使用的詞句與涉及醫療
效能的詞句做了進一步規範。第2條規定，本法（《化粧品衛生安全管
理法》）第10條第1項或第2項所定標示、宣傳或廣告涉及虛偽、誇大或
醫療效能之認定，應就其傳達予消費者之品名、文字敘述、圖案、符
號、影像、聲音或其他訊息之相互關聯意義，依整體表現綜合判斷之。
第3條規定，本法第10條第1項化粧品之標示、宣傳或廣告，表述內容有
下列情形之一者，認定為涉及虛偽或誇大：(1)與事實不符。(2)無證據，
或證據不足以佐證。(3)逾越本法第3條化粧品定義、種類及範圍。(4)附
件一所列涉及影響生理機能或改變身體結構之詞句。

第4條之規範為，化粧品之標示、宣傳或廣告內容，依其種類及品
目範圍或成分，使用附件二例示所列通常得使用的詞句，或附件三例
示所列成份之生理機能詞句，認定為未涉及虛偽或誇大。第5條指稱，
本法第10條第2項化粧品標示、宣傳或廣告，表述內容有下列情形之一
者，認定為涉及醫療效能：(1)涉及預防、減輕、診斷或治療疾病、疾病
症候群或症狀，或如附件四所列之其他醫療效能詞句。(2)涉及藥品或醫
療器材之效能或同等意義詞句。

以附件一「涉及影響生理機能或改變身體結構的詞句」都不可宣
稱，會被認定涉及虛偽擴誇大，如活化毛囊，刺激毛囊細胞，堅固毛囊
刺激新生秀髮，增強（加）自體免疫力，增強淋巴引流，改善微血管循
環，重建皮脂膜／角質層，有效預防／抑制／減少落髮、掉髮，瘦身、
減肥，燃燒脂肪，塑身、雕塑曲線，消除掰掰肉／蝴蝶袖，豐胸，不過

敏、零過敏,醫藥級等共三十四項論述皆不適合。附件二「通常得使用的詞句例示或類似之詞句」則可以宣稱,其是以前述十四類化粧品加上其他及綜合性內容進行區分,列出得使用的詞句;如洗髮用化粧品類:可使用的詞句包括清潔毛髮頭皮、使頭髮呈現豐厚感、使頭髮柔順富彈性、頭皮清涼舒爽感、去除多餘油脂等。洗臉卸粧用化粧品可使用清潔/滋潤/護理肌膚、通暢/緊緻/淨化毛孔、促進肌膚新陳代謝、呈現肌膚自然光澤等。沐浴用化粧品類及香皂類也可如洗臉卸粧用化粧品般的陳述內容,頭髮用化粧品類也類似洗髮用化粧品般的陳述內容。

　　化粧水/油面霜乳液類,可陳述防止肌膚粗糙、減少肌膚脫皮、清潔/滋潤/淨白/修護肌膚、通暢/緊緻/淨化毛孔、形成肌膚保護膜、提升肌膚舒適度等。香氛用化粧品類可稱維持肌膚乾爽、肌膚香味宜人、遮蓋肌膚油光、使肌膚呈現細緻、掩飾體味等。止汗制臭劑可陳述制臭、抗異味等;唇用化粧品可陳述遮蓋斑點/皺紋/疤痕、防止嘴唇乾裂、保護嘴唇、修飾立體唇部肌膚。覆敷用化粧品類可陳述修飾美化膚色、修飾容貌、增添肌膚晶亮光澤、自然風采等;眼用化粧品類也可陳述使眼周肌膚更具深邃感、描繪線條美化眼部肌膚等。指甲用化粧品類,美化指甲外觀、保護指甲、脫除指甲油等是較適合之用詞;非藥用牙膏、漱口水類可陳述潔白/淨白/亮白牙齒、清新口氣、清潔/淨化口腔、降低牙周病發生率等。

　　附件三「成分之生理機能詞句例示或類似之詞句」特別指非藥用牙膏、漱口水類,如氟化物可陳述幫助預防蛀牙、抗酸蝕、強化琺瑯質、強健牙齒等,硝酸鉀可陳述減低敏感性牙齒疼痛,三氯沙可陳述減少/抑制牙菌斑、減少牙齦問題發生率等。

　　附件四「涉及其他醫療效能之詞句」都不得宣稱,如換膚、痘疤保證絕對完全消失、消除(消除)橘皮組織、消除狐臭、加強抵抗感染、消炎、消腫止痛、消除皺紋/細紋、刺激毛髮生長等皆不能陳述。

綜合來說，食藥署之所以有這些相關規範，主要的目的仍是希望避免化粧品的遣詞用字太過誇張，而消費者購買卻又無法達到產品宣稱的效果，是以藉這些規範，也能確保消費者權益；如洗髮精強調可減少落髮或是預防掉髮就不行，洗面乳如果說痘疤完全消失也不適當，另外倘宣稱有醫療效能，像是消脂、減肥、排出毒素等，更是通通不可。

二、有違法之虞或爭議之案例說明

　　以案例來說，本章節選取了近年來較知名的幾個來做說明，並將案例以案例名稱、個案背景、機關論述與違反之法規及罰金部分分別說明之。

案例一：廣告詞句涉及誇大

　　○○生醫科技公司112年7月於官網刊登樂SO纖體緊膚液 LOW-S-OIL 50ml等化粧品廣告，內容述及略以：「……纖體……為終極配方脂肪剋星……能將磷脂醯膽鹼帶入脂肪組織，並將脂肪內的三酸甘油酯乳化而發揮去脂做功效……幫助體內毒素與廢物易從體內排出，達纖體輕盈的功效……擦的消脂針，有效刺激微循環、擊退水腫、殲滅頑脂……可於抽脂或溶脂術前／術後擦拭按摩使用，幫助脂肪團軟化……雕塑效果更佳……」等詞句，涉及誇大，違反《化粧品衛生安全管理法》第10條第1項之規定，案經本局於112年7月3日查獲，罰緩六萬元。（《台北市政府衛生局112年9月份處理化粧品違規廣告處罰案件統計表》，裁處書發文日期：112.9.23）

案例二：廣告詞句涉及誇大

　　○○○國際股份有限公司112年8月於官網刊登「英國特級月見草強

效基底油30ml、身體循環複方按摩油100ml」等化粧品廣告，內容述及略以：「……經痛……經前症候群……女性生理的魔法師……缺陷膚質的隱形守護神……中醫常稱爲體內濕氣重或是氣血不足……月見草油也是你必須善用的香草魔法……（月見草油）改善膚質第一……適合……過敏膚質……（甜杏仁油）抗氧化第一……」等詞句，涉及誇大，違反《化粧品衛生安全管理法》第10條第1項之規定，案經新北市政府衛生局於112年8月7日查獲，罰鍰十一萬元。（《台北市政府衛生局112年10月份處理化粧品違規廣告處罰案件統計表》，裁處書發文日期：112.10.13）

💬 第五節　結語

基於以上之討論，可以瞭解部分業者仍會藉由誇大或虛僞不實之廣告論述，期待消費者購買該產品，是以消費者在購買相關產品時仍應睜大眼睛，不要被宣傳行銷的手法所蒙蔽；以主管機關的立場來說，或許可考慮將相關法規的重要內容以公益廣告之方式讓消費者瞭解法規的最基本且重要的內容，作爲消費時候的參考依據。另外，以廣告代理商而言，仍得熟悉相關法規，特別是近年食品及化粧品相關法規都進行修法，法規仍有一定繁複性，從業人員仍得瞭解相關內容來進行創意或文案發想，千萬別因遣詞用字不適當而受到裁罰，一方面能凸顯專業，另方面也能兼顧消費者權益，達到業者、代理商、消費者及政府的多贏。

參考書目

《化粧品衛生安全管理法》。https://law.moj.gov.tw/LawClass/LawAll.aspx?pcode=L0030013。

《化粧品衛生安全管理法施行細則》。https://law.moj.gov.tw/LawClass/LawAll.aspx?pcode=L0030014。

《化粧品標示宣傳廣告涉及虛偽誇大或醫療效能認定準則》。https://law.moj.gov.tw/LawClass/LawAll.aspx?PCODE=L0030099。

《食品安全衛生管理法》。https://law.moj.gov.tw/LawClass/LawAll.aspx?pcode=L0040001。

《食品及相關產品標示宣傳廣告涉及不實誇張易生誤解或醫療效能認定準則》。https://law.moj.gov.tw/LawClass/LawAll.aspx?pcode=L0040140。

《健康食品管理法》。https://law.moj.gov.tw/LawClass/LawAll.aspx?PCode=L0040012。

台北市政府衛生局（112年9月）。《台北市政府衛生局112年9月份處理化粧品違規廣告處罰案件統計表》。https://health.gov.taipei/News.aspx?n=13A23138C06A3532&sms=8E7386D329C4B210

台北市政府衛生局（112年10月）。《台北市政府衛生局112年10月份處理化粧品違規廣告處罰案件統計表》。https://health.gov.taipei/News.aspx?n=13A23138C06A3532&sms=8E7386D329C4B210。

食藥署（112年3月23日）。〈食藥署公布111年度十大違規食藥廣告〉。食品藥物管理署新聞稿及其附件。https://www.mohw.gov.tw/cp-6566-74079-1.html。

陳人齊（2023）。〈違規食藥廣告日逾30件，去年罰金2.5億〉，《中國時報》。2023年3月23日。https://www.chinatimes.com/newspapers/20230323000462-260114?chdtv。

劉亞敏（2004）。《食品廣告的奧秘》。廣東經濟出版社。

Chapter 11

競選廣告與藥物廣告的倫理與法規

鈕則勳
中國文化大學廣告學系專任教授兼系主任

- 競選廣告之定義與表現類型
- 競選廣告之倫理法規與案例
- 藥物定義與藥物廣告之表現類型
- 藥物廣告之倫理法規與案例
- 結語

本章擬針對競選廣告及藥物廣告這兩個主題來陳述其相關之倫理與法規，一方面提醒候選人或政黨在製播廣告時應該拿捏的分寸，同時亦提醒選民注意，別受不實廣告的操弄；藥物廣告之討論也在提醒消費者注意相關產品廣告內容的陳述是否足以相信，以保護自身的權益。同時也期待產品業者或廣告代理產製廣告創意時能在法規範圍內發想創意，讓消費者權益與廣告創意能夠取得平衡。本章若干內容是依據筆者合著《傳播倫理與法規》專書筆者撰寫之部分，配合最新法規與個案，進行改寫。

💬 第一節　競選廣告之定義與表現類型

　　若是從傳播者、訊息、管道、受眾及效果這基本的傳播模式的元素來對競選廣告做界定，則可以瞭解，競選廣告是候選人、政黨或政治團體，將有利於自己的形象或政策訊息，或對競爭候選人政黨不利的訊息，置於廣告的內容中，藉由電視、報紙、網路等傳播媒體的傳輸，告知選民受眾，期待他們產生有利於候選人或政黨本身的投票行為或效果之操作方式。而在數位時代中，競選廣告除了在傳統媒體上刊播廣告外，更會以社群影片、短影音、哏圖迷因等方式呈現，藉更多元的形式，期待能影響選民的認知、情感與投票行為。

　　Benoit（2000）陳述了競選廣告的三種可能功能，即讚美（自我肯定）、負面攻擊批評對手、自我防衛或反駁。除了廣告之功能討論之外，學界也注意競選廣告之主題內容討論；亦即政策議題與候選人的人格形象特質。Trent、Friedenberg與Denton（2011）也將廣告功能做了分類，包括讚美候選人道德及優勢、責難或攻擊廣告、回應攻擊的廣告，基本上與Benoit的功能相似。鄭自隆（2012）也說，競選廣告有陳述政

見、攻擊對手、反駁批評、塑造形象四種功能，與國外學者的研究亦相似。

鈕則勳（2005）將競選廣告以正負面訊息來分類，分為正面訊息廣告、負面訊息廣告，以及正負面訊息皆有的廣告。以正面廣告來說，其中訊息主要是形象塑造、政績與政見；負面則是攻擊廣告；正負面訊息皆有的廣告則包括反制消毒、攻守兼具與告急催票等廣告。以反制消毒來說，政黨或候選人除了會針對對手發動之攻擊提出回應外，亦會針對對手可能進行攻擊之己方弱勢點，提前先進行廣告消毒，讓攻擊失去著力點。以廣告的訊息來說，澄清消毒多是正面訊息，但通常在澄清後會指稱對手的不對之處，則多為負面訊息。

鈕則勳（2005）指出攻守兼具廣告要掌握一些策略原則。首先，攻擊的施力點要有強烈的對比性，其次，除了攻擊之外，在廣告的訊息中應盡可能置入一些正面訊息，以創造攻擊者之正面優勢，再者，主要內容訊的產製對選民來說，應該有顯著的重要性。至於告急催票，「強化優勢」仍是最大關鍵，而建構「最值得搶救」的印象，仍和候選人的「獨特銷售主張」或本身優勢有密切關係。其次，以「訊息一致性」來創造選民的「印象累積性」同樣可用在告急催票文宣中，並創造區隔性，提高被選擇的可能。最後，「告急」要有可信度，才能讓選民覺得有「非救不可」之必要性，以民調數據突顯可信度是一個方式。

鈕則勳（2014）的研究，將2000到2012年我國總統大選競選廣告做長時間綜合分析發現，正面多於負面廣告，反駁批評的類型最少，以主題的功能來說，不論是形象還是政策，多以正面為主，負面居次，反駁批評最少，正面形象與正面政策之比例皆超過一半。

第二節　競選廣告之倫理法規與案例

一、競選廣告之倫理與法規

(一)競選廣告之倫理

以競選廣告之倫理來說，競選廣告常有一些為人所批評之處：包括負面競選廣告或網路攻防使選風敗壞常為民眾詬病，政治作秀拚免費廣告導致選民對政治人物的信任度降低；虛偽不實也是老問題，如競選幕僚為包裝候選人形象，有時會將不符事實的資訊載入，如假學經歷、假政績等，當選民發現其所託非人時，除透過程序頗繁複的罷免外，無法有立即有效的方法進行反制。

鄭自隆（1995）指出在競選廣告的問題上還包括「匿名廣告」、黑函及耳語的問題。匿名廣告常以「失望的小市民」、「正在觀望的游離選民」等署名出現，一看都知道這些廣告應是有組織的行為。鄭自隆（2004）也指出，匿名廣告在消息來源可信度未必比政黨或候選人高，而且又違背廣告倫理，意見廣告應有可辨認的廣告主，其廣告內容應可被質疑、批評、反駁或討論，所以署名有其必要。

(二)競選廣告之法規

以相關的法規來說，與競選廣告有關的法規包括《公職人員選舉罷免法》、《總統副總統選舉罷免法》、《刑法》、廣告法規與廣告物管理之法規，茲分述如下。

◆《公職人員選舉罷免法》

以民國112年6月9日修正通過的《公職人員選舉罷免法》來看，相關法條包括第51條、52條、第104條及第110條，以下敘述其大致內容與重點。

第51條第1項規定，報紙、雜誌、廣播電視、網際網路或其他媒體所刊登之競選或罷免廣告，應於該廣告中載明或敘明刊播者、出資者及其他相關資訊。第2項規定前項競選或罷免廣告應載明或敘明之事項、內容、格式及其他應遵行事項之辦法，由中選會定之。

第51-1條主要是說競選或罷免廣告不得接受外國、大陸、港澳地區之個人、法人、團體或機構直接或間接委託刊播。第51-3條特別提到了廣告若爲電腦合成或其他科技方法深度偽造而成，候選人等可向警察機關申請鑑識的流程，也可據以向廣播電視及網路媒體平台停播或下架該聲音、影像。

第52條第1項規定，候選人印發以文字、圖畫從事競選、罷免之宣傳品，應親自簽名；其爲非候選人、罷免提案人之領銜人或被罷免人者，並應載明其住址或地址；其爲法人或團體者，並應載明法人或團體之名稱與其代表人姓名及地址。宣傳品之張貼，以候選人競選辦事處、政黨辦公處、罷免辦事處及宣傳車輛爲限。第3項，政黨及任何人懸掛或豎立標語、看板、旗幟、布條等競選或罷免廣告物應具名，並不得於道路、橋樑、公園、機關（構）、學校及其他公共設施及其用地。但經直轄市、縣（市）政府公告供候選人、罷免案提議之領銜人、被罷免人、推薦候選人或被罷免人所屬之政黨使用之地點，不在此限。

第104條第1項規定，意圖使候選人當選或不當選，或者意圖使被罷免人罷免案通過或否決者，以文字、圖書、錄音、錄影、演講或他法，散布謠言或傳播不實之事，足以生損害於公眾或他人者，處五年以下有期徒刑。第2項規定，以散布、播送或以他法供人觀覽候選人、被罷免

人、罷免案提案人之領銜人本人之深度偽造聲音、影像、電磁紀錄之方法，犯前項之罪者，處七年以下有期徒刑。

第110條第1項有規定，第52條第1項、第3項規定者，處新台幣十萬元以上一百萬元以下罰鍰。第3項規定，違反第51條第2項所訂辦法中關於廣告應載明或敘明事項、內容，處新台幣二十萬元以上二百萬元以下或該廣告費二倍之罰鍰。第5項規定，有關深偽影片，廣播電視及網路平台未停止刊播、限制瀏覽、移除或下架者，處新台幣二十萬以上一千萬元以下罰鍰，並令限期改善。

◆ **《總統副總統選舉罷免法》**

民國112年6月9日修正的《總統副總統選舉罷免法》也有相關對競選廣告之規定。如第47條規定，報紙、雜誌、廣播電視、網際網路或其他媒體所刊登之競選廣告，應於該廣告中載明或敘明刊播者、出資者及其他相關資訊。第47-1條與47-3條也與前述《公職人員選舉罷免法》51-1與51-3條規範相似，亦即競選或罷免廣告不得接受外國、大陸、港澳地區之個人、法人、團體或機構直接或間接委託刊播。並提到了廣告若為電腦合成或其他科技方法深度偽造而成，候選人等可向警察機關申請鑑識的流程，也可據以向廣播電視及網路媒體平台停播或限制瀏覽、移除或下架該聲音、影像。

第48條規定，候選人、罷免案提議人、被罷免人印發以文字、圖畫從事競選、罷免之宣傳品，應親自簽名；政黨於競選、罷免活動期間，得為其所推薦之候選人或所屬之罷免案提議人、被罷免人印發以文字、圖畫從事競選、罷免之宣傳品，並應載明政黨名稱，二個以上政黨共同推薦一組候選人者，應同時載明共同推薦之所有政黨名稱。宣傳品之張貼，以候選人競選辦事處、政黨辦公處及宣傳車輛為限。

另外第90條第1項也如同前述《公職人員選舉罷免法》般的規定，意圖使候選人當選或不當選，或者意圖使被罷免人罷免案通過與否決

者，以文字、圖畫……或他法，散布謠言或傳播不實之事，足以生損害於公眾或他人者，處五年以下有期徒刑。第2項規定，以散布、播送或以他法供人觀覽候選人、被罷免人、罷免案提議人之領銜人本人之深度偽造聲音、影像、電磁紀錄之方法，犯前項之罪者，處七年以下有期徒刑。

◆ **《刑法》**

競選廣告可能涉及民國112年12月27日修正通過《刑法》之部分包括如下，第309條第1項，公然侮辱人者，處拘役或九千元以下罰金。第310條第1項，意圖散布於眾，而指摘或傳述足以毀損他人名譽之事者，為誹謗罪，處一年以下有期徒刑、拘役或一萬五千元以下罰金。第310條第2項，散布文字、圖畫犯前項之罪者，處二年以下有期徒刑、拘役或三萬元以下罰金。

第313條第1項規定，散布流言或以詐術損害他人之信用者，處二年以下有期徒刑、拘役或科或併科二十萬元以下罰金。第313條第2項規定，以廣播電視、電子通訊、網際網路或其他傳播工具犯前項之罪者，得加重其刑至二分之一。

◆ **廣告法規**

廣告相關法規之規定也不能違背，包括：

1. 廣播電視法有關法令法規，如《廣播電視法》、《廣播電視法施行細則》、《有線廣播電視法》、《有線廣播電視法施行細則》、《衛星廣播電視法》、《衛星廣播電視法施行細則》、《電視節目廣告區隔與置入性行銷及贊助管理辦法》。

2. 廣告物及廣告活動之法規，如2022年12月修正的《台北市競選廣告物自治管理條例》，是史上最嚴限制競選廣告的修法，特別是北市對於競選廣告的認定，只要廣告中含有姓名、號次、圖像、

競選項目或活動名稱、競選標語或標記任三點以上，即視爲競選廣告（楊正海，2023）。

3.與廣告創意有關的法規，如《著作權法》及《著作權法施行細則》等，特別是網路時代常會有的「二創」，仍可能會侵害他人著作權。

二、有違法之虞或爭議之案例說明

以案例來說，本章節選取了近年來較知名的幾個例子來做說明，陳述個案背景與可能違反之法規。

案例一：陳其邁競選廣告被惡搞

◆個案背景

民進黨高雄市長候選人陳其邁的競選廣告影片，遭人變造爲驚悚片，幾位北漂青年，分別被割喉還扮成吸血鬼，影片最後出現的陳其邁，原版是不發一語，靜靜傾聽，但惡搞版是被斷頭，畫面在網路上流傳，民進黨團召開記者會譴責，認爲這不僅造成恐慌，也企圖使人不當選，已採取法律行動，要揪出幕後主使者（陳筱淇，2018）。

◆可能違反之法條

民進黨立委趙天麟：「我們最近過去所看到的選舉裏面，都其實很少出現，它遠遠超過了人類道德的一個底線。」民進黨立委賴瑞隆：「涉及到違反《刑法》305條，我們會要求檢察官跟警方盡速來偵辦，同時也涉及到違反《公職人員選舉罷免法》第104條，意圖使候選人當選或不當選。」（陳筱淇，2018）

若本案成立，所引用的法條便是《公職人員選舉罷免法》第104

條第1項規定，意圖使候選人當選或不當選，以文字、圖書、錄音、錄影、演講或他法，散布謠言或傳播不實之事，足以生損害於公眾或他人者，處五年以下有期徒刑。

案例二：韓國瑜陣營質疑媒體報導

◆個案背景

國民黨總統候選人韓國瑜出席一場寶寶爬行活動比賽，會後抱著幾名小嬰兒大合照，但其中一個小孩嚎啕大哭，事後有媒體報導指韓國瑜未經父母同意，逕自抱走嬰兒合照，引發網友一片罵聲；事件經過今天（12月23日）一整天延燒後，女嬰父親發出親筆聲明，強調與妻子「全程皆在活動現場，非有誰強把寶寶搶去拍照情事」，韓國瑜競總今天下午也舉行記者會，宣布將提告惡意、錯誤報導的媒體（劉品希，2019）。

韓國瑜競總23日下午舉行記者會，總發言人王淺秋宣布將對「打馬悍將粉絲團」、「只是堵藍」臉書粉專以及「三立新聞」提告。王淺秋指出，兩個黑韓網站惡意傳播假消息造謠，指稱韓國瑜未經家長同意，擅自抱小孩，造成父母憤怒，經過追查，根本是嬰兒的母親親手把孩子抱給韓國瑜，而孩子的父親也發出聲明，表示父母完全同意合照抱小孩，質疑媒體惡意扭曲（劉品希，2019）。

◆可能違反之法條

韓國瑜競選發言人王淺秋今日上午會同律師葉慶元，至台北地檢署按鈴控告三立新聞台記者與主管、「只是堵藍」等網路社團意圖使人不當選。葉慶元表示，這種謠言涉及意圖使人不當選，構成妨害選舉的刑事責任（謝中凡，2019）。

若本案成立，所引用的法條仍有《公職人員選舉罷免法》第104條

第1項規定，相關內容如前一個案。

 ## 第三節　藥物定義與藥物廣告之表現類型

一、藥物及藥物廣告之定義

以我國現行的法規來看，和藥物有關的法律，主要以民國107年1月31日修訂的《藥事法》與112年10月20日修正通過的《藥事法施行細則》爲主。

《藥事法》第4條中，爲「藥物」定義，指出本法所稱藥物，係指藥品及醫療器材；除此之外，各法條中亦對「試驗用藥物」、「藥品」、「新藥」、「成藥」、「僞藥」、「劣藥」、「禁藥」等皆有定義。如「藥品」在第6條有明文界定，係指左列各款之一之原料藥及製劑：一、載於中華藥典或經中央衛生主管機關認定之其他各國藥典、公定之國家處方集，或各該補充典籍之藥品。二、未載於前款，但使用於診斷、治療、減輕或預防人類疾病之藥品。三、其他足以影響人類身體結構及生理機能之藥品。四、用以配製前三款所列之藥品。

至於「新藥」與「成藥」則在第7條及第9條有定義。如第7條指出新藥，係指經中央衛生主管機關審查認定屬新成分、新療效複方或新使用途徑製劑之藥品；而一般常被檢舉的「僞藥」、「劣藥」、「禁藥」，該法中亦有相關規範。以僞藥來說，第20條規定，係指藥品經稽查或檢驗有左列各款情形之一者：一、未經核准，擅自製造者。二、所含有效成分之名稱，與核准不符者。三、將他人產品抽換或摻雜者。四、塗改或更換有效期間之標示者。至於「藥物廣告」則依《藥事法》

第24條之規範，係指利用傳播方法，宣傳醫療效能，以達招徠銷售為目的之行為。

二、藥物廣告之表現類型

綜觀我國的藥物廣告表現方式，常見的大約有以下幾類：

(一)廣告歌曲貫穿式

透過朗朗上口的歌曲或耳熟能詳的音樂來加深觀眾印象，藥品名稱亦會於歌詞中反覆出現；如綠油精、益可膚乳膏、足爽、斯斯感冒藥等。

(二)名人代言式

即透過學者專家或是知名藝人的專業及顯著性，如斯斯感冒膠囊的羅時豐、合利他命強效錠曾國城、合利他命-愛A25的日本女星綾瀨遙等。

(三)生活經驗式

廣告中呈現出消費者使用該產品的情境，期待使消費者產生相同經驗上的共鳴感；如伏冒熱飲系列標榜「熱熱喝、快快好」，都是以一般會遇到的生活情境作為訊息內容。

(四)強調產品特殊成分

透過特殊成分的標示，期待讓消費者更加信服該產品，亦是許多藥物廣告表現的方式；如標榜「腸胃不好、老得早」的若元錠就會在廣告

中露出「16種胺基酸、7種礦物質」來凸顯特色，又如一些腸胃藥也會帶出「專利配方」來訴求消費者。

(五)消費者證言

使一般的使用者現身說法，來區隔名人代言策略；如肌力痠痛藥布就以搬家師傅及室內設計師來陳述該產品的功能。

第四節　藥物廣告之倫理法規與案例

一、藥物廣告之倫理與法規

《藥事法》第七章「藥物廣告之管理」部分，從第65條到第70條，進行了對藥物廣告之規範。第65條規定，非藥商不得為藥物廣告；亦即不是藥品或醫療器材販賣或製造業者的話，都不得進行藥物廣告之刊播，是以若是網友上網拍賣藥物，都有觸法的可能。第66條第1項規定，藥商刊播藥物廣告時，應於刊播前將所有文字、圖畫或言詞，申請中央或直轄市衛生主管機關核准，並向傳播業者送驗核准文件。原核准機關發現已核准之藥物廣告內容或刊播方式危害民眾健康或有重大危害之虞時，應令藥商立即停止刊播並限期改善，屆期未改善者，廢止之。第2項規定，藥物廣告在核准登載、刊播期間不得變更原核准事項。

第3項規範，傳播業者不得刊播未經中央或直轄市衛生主管機關核准、與核准事項不符、已廢止或經令立即停止刊播並限期改善而尚未改善之藥物廣告。第4項則是規範，接受委託刊播之傳播業者，應自廣告之日起六個月，保存委託刊播廣告者姓名（法人或團體名稱）、身分證

或事業登記證字號、住居所（事務所或營業所）及電話等資料，且於主管機關要求提供時，不得規避、妨礙或拒絕。該法條訂定了藥商在購買廣告及傳播媒體在刊播藥物廣告時應該齊備之資料及應注意之事項，並點出了主管機關應有之權限。

第66-1條內容主要為規範核准藥物之廣告期限並展延之相關規定，該條文第1項指出，藥物廣告，經中央或直轄市衛生主管機關核准者，其有效期間為一年，自核發證明文件之日起算。期滿仍需繼續廣告者，得申請原核准之衛生主管機關核定展延之；每次展延之期間，不得超過一年。從條文觀之，其皆以一年為有效期間。該條第2項則提到，前項有效期間，應記名於核准該廣告之證明文件。第67條則是對醫師處方藥物之廣告進行規範，條文指出，須由醫師處方或經中央衛生主管機關公告指定之藥物，其廣告以登載於學術性醫療刊物為限。亦即這些藥物廣告之限制規定是較多且複雜的。

第68條則針對藥物廣告之內容訊息提出規範。條文指出，藥物廣告不得以左列方式為之：一、假借他人名義為宣傳者。二、利用書刊資料保證其效能或性能。三、藉採訪或報導為宣傳。四、以其他不正當方式為宣傳。從條文來看，新聞廣告化與書刊資料背書宣稱效能等訊息產製，都是不被允許的。第69條則指出，非本法所稱之藥物，不得為醫療效能之標示或宣傳。從該條文來看，市面上許多宣稱有療效的食品，其實都是違反規範的。第70條規定，採訪、報導或宣傳，其內容暗示或影射醫療效能者，視為藥物廣告；而以前述第68條第3項來看，這些類似新聞廣告化的宣傳方式，依法都應避免。

除此之外，《藥事法施行細則》中第44條至第47條中亦對藥物廣告刊播流程及內容文字進行規範。如第44條就是對刊播流程加以規範，條文如下：登載或宣播藥物廣告，應由領有藥物許可證之藥商，填具申請書，連同藥物許可證影本、核定之標籤、仿單或包裝影本、廣告內容

及審查費，申請中央或直轄市衛生主管機關核准後爲之。第45條則是規範廣告的文字及圖畫等訊息，內容包括：第1項，藥物廣告所用之文字圖畫，應以中央衛生主管機關所核定之藥物名稱、劑型、處方內容、用量、用法、效能、注意事項、包裝及廠商名稱、地址爲限。第2項，中藥材之廣告所用文字，其效能應以《本草綱目》所載者爲限。

第46條強調的是藥物許可證及廣告核准文件字號的登載，其內容爲，藥物廣告應將廠商名稱、藥物許可證及廣告核准文件字號，一併登載或宣播。第47條仍是對廣告內容進行規範，條文指出，藥物廣告之內容，具有左列情形之一者，應予刪除或不予核准：一、涉及性方面之效能者。二、利用容器包裝換獎或使用獎勵方法，有助長濫用藥物之虞者。三、表示使用該藥物而治癒某種疾病或改進某方面體質及健康或捏造虛僞情事藉以宣揚藥物者。四、誇張藥物效能及安全性者。

至於《藥事法》罰則的部分，第91條第1項規定，違反第65條或第80條第1項第1款至第4款規定之一者，處新台幣二十萬元以上五百萬元以下罰鍰。第2項規定，違反第69條規定者，處新台幣六十萬元以上二千五百萬元以下罰鍰，其違法物品沒入銷燬之。第92條第4項規定，違反第66條第1項、第2項、第67條、第68條規定之一者，處新台幣二十萬元以上五百萬元以下罰鍰。第95條第1項則是對違反廣告刊播規定之罰則，即傳播業者違反第66條第3項規定者，處新台幣二十萬元以上五百萬元以下罰鍰，其經衛生主管機關通知限期停止而仍繼續刊播者，處新台幣六十萬元以上二千五百萬元以下罰鍰，並應按次連續處罰，至其停止刊播爲止。第95條第2項則是針對傳播業者違反規定時之處罰，內文爲，傳播業者違反第66條第4項規定者，處新台幣六萬元以上三十萬元以下罰鍰，並應按次連續處罰。

第96條第1項則規定，違反第七章規定之藥物廣告，除依本章規定處罰外，衛生主管機關得登報公告其負責人姓名、藥物名稱及所犯情

節，情節重大者，並得廢止該藥物許可證；其原品名二年內亦不得申請使用。第2項則指出，前項經廢止藥物許可證之違規藥物廣告，仍應由原核准之衛生主管機關責令該業者限期在原傳播媒體同一時段及相同篇幅刊播，聲明致歉。屆期未刊播者，翌日起停止該業者之全部藥物廣告，並不再受理其廣告之申請。亦即主管機關有公布違法業者相關基本資訊，甚至廢止藥物許可證與要求業者刊播道歉聲明之權力。由這些罰則條文看來，違法藥物廣告針對藥商處罰的部分，最低的罰鍰為二十萬元，最高可能罰到二千五百萬元；針對刊播之媒體，若有違法情節，依法仍會被裁罰。

而檢視釋字第414號之論述，應可更進一步瞭解《藥事法》中之所以對藥物廣告做較嚴格規範之理由。其解釋爭點在於「《藥事法》等法規就藥物廣告應先經核准等規定違憲？」而釋字第414號解釋文指出，藥物廣告係為獲得財產而從事之經濟活動，涉及財產權之保障，並具商業上意見表達之性質，惟因與國民健康有重大關係，基於公共利益之維護，應受較嚴格之規範。《藥事法》第66條第一項規定：藥商刊播藥物廣告時，應於刊播前將所有文字、圖畫或言詞，申請中央或直轄市衛生主管機關核准，旨在確保藥物廣告之真實，維護國民健康，為增進公共利益所必要，與《憲法》第11條及第15條尚屬相符。又《藥事法施行細則》第47條第2款規定：藥物廣告之內容，利用容器包裝換獎或使用獎勵方法，有助長濫用藥物之虞者，主管機關應予刪除或不予核准，係依《藥事法》第105條之授權，就同法第66條相關事宜為具體之規定，符合立法意旨，並未逾越母法之授權範圍，與《憲法》亦無牴觸。

二、有違法之虞或爭議之案例說明

以案例來說，本部分選取了近年幾個案例來做說明，並如前面章節

般將案例以案例名稱、個案背景與違反之法規及罰金部分分別說明之。

案例一：藥品廣告內容與核定內容不符

　　藥商○○國際事業有限公司印製張貼「利保肝（利保肝膠囊70毫克）」藥品廣告海報，內容述及「……不易入睡……整夜不眠……火旺便秘……首選利保肝」等詞句，與本局核准之北市衛藥廣字第……等號藥品廣告核定表內容不符，違反《藥事法》第66條第2項規定，罰鍰56萬（《台北市政府衛生局112年9月份處理藥品、醫療器材、一般商品違規廣告處罰案件統計表》，裁處書發文日期，112.9.5）。

　　類似案例如藝人林美秀多年前拍攝的烏頭牌愛福好廣告，經典台詞「查甫郎，千萬不要只剩一張嘴」令人印象深刻，卻遭到民眾檢舉，該藥商當初是以婦女妊娠營養補給品申請廣告許可，但廣告內容卻在宣揚壯陽藥品，衛生局認定違法，開罰二十萬元（生活中心，2014）。

案例二：廣告內容未經事先申請核准

　　藥商○○○生物科技股份有限公司於官網刊登「腸病毒71型疫苗」廣告，內容載有「……感染腸病毒71型可能症狀、併發症有哪些……綜合全球報告可以發現，感染腸病毒71型後發生神經系統併發症的比率特別高，尤其是五歲以下的幼兒，常見初期症狀包括39℃以上高燒超過三天，手、腳及口腔黏膜出現針頭大小紅點的疹子或水泡等。若患者開始出現嗜睡、意識改變……等病徵，就代表病況危急、需要緊急送醫，如未及時治療，發病後三至七天內就可能引發腦幹腦炎、心臟衰竭……等重症……連續三天高燒39℃……手、腳口腔黏膜出現紅疹和水泡，例如：手口足症……出現嗜睡、意識改變……等重症徵兆時，恐併發：腦幹腦炎……心臟衰竭……肺水腫……」等文詞，並佐以與它款疫苗之比較表，未經事先申請廣告核准，違反《藥事法》第66條1項規定，罰鍰

三十萬（《台北市政府衛生局112年6月份處理藥品、醫療器材、一般商品違規廣告處罰案件統計表》，裁處書發文日期，112.6.8）。

第五節　結語

　　本章敘述了競選廣告與藥物廣告之法規與倫理，以前者來說，現今每兩年都有選舉，相關倫理與法規變得極爲重要；照理說，候選人與政黨在製播競選廣告時應該遵守相關法規，但是實際上，候選人及政黨只把勝選當作首要考量，即使違背相關法規亦在所不惜，這種思維不僅有爭議，也使選舉文化停滯，並無法全面彰顯法律之價值，違法或是灰色地帶的競選行銷操作仍然明顯，這仍是相關法律最大的局限性。

　　至於藥物廣告部分，由上述案例可知，最常被罰的情況多是廣告內容申請許可是一版本，媒體刊播卻是另一版本，或是廣告內容未經事先申請核准；也要注意的是，民眾在網路上販賣包括藥品、保險套、OK繃、血壓計及耳溫槍等醫療器材，就觸犯《藥事法》第65條「非藥商不得爲藥物廣告」的規定，將罰款二十萬至五百萬元。

參考書目

《公職人員選舉罷免法》。https://law.moj.gov.tw/LawClass/LawAll.aspx?pcode=D0020010。

《刑法》。https://law.moj.gov.tw/LawClass/LawAll.aspx?pcode=C0000001。

《總統副總統選舉罷免法》。https://law.moj.gov.tw/LawClass/LawAll.aspx?pcode=D0020053。

《藥事法》。https://law.moj.gov.tw/LawClass/LawAll.aspx?pcode=L0030001。

《藥事法施行細則》。https://law.moj.gov.tw/LawClass/LawAll.aspx?pcode=L0030002。

台北市政府衛生局。《台北市政府衛生局112年6月份處理藥品、醫療器材、一般商品違規廣告處罰案件統計表》。https://health.gov.taipei/News.aspx?n=13A23138C06A3532&sms=8E7386D329C4B210。

台北市政府衛生局。《台北市政府衛生局112年9月份處理藥品、醫療器材、一般商品違規廣告處罰案件統計表》。https://health.gov.taipei/News.aspx?n=13A23138C06A3532&sms=8E7386D329C4B210。

生活中心（2014）。〈掛羊頭賣狗肉！愛福好壯陽藥廣告違法12年　開罰20萬〉，NOWnews今日新聞網，2014年5月16日。http://www.nownews.com/n/2014/05/16/1236715。

鈕則勳（2005）。《政治廣告》。臺北：揚智文化公司。

鈕則勳（2014）。《廣告趨勢與策略建構──從2008年與2012年我國總統選舉候選人競選廣告策略談起》。臺北：揚智文化公司。

黃筱淇（2018）。〈溫馨傾聽變驚悚片，陳其邁競選廣告被惡搞〉，TVBS新聞網，2018年10月2日。https://news.tvbs.com.tw/politics/1002272。

楊正海（2023）。〈北市最嚴競選廣告自治條例上路，北市府零開罰〉，《聯合報》，2023年8月23日。https://udn.com/news/story/7323/7388191。

劉品希（2019）。〈韓國瑜抱女嬰惹議，韓競總批假新聞將提告〉，中央廣

播電台，2019年12月23日。https://www.rti.org.tw/news/view/id/2045801。

鄭自隆（1995）。《競選廣告》。臺北：正中書局。

鄭自隆（2004）。《競選傳播與台灣社會》。臺北：揚智文化公司。

鄭自隆（2012）。《競選傳播：策略與管理》。臺北：揚智文化公司。

謝中凡（2019）。〈澄清後還被抹黑，韓辦提告三立與網路社團〉，CTWANT，2019年12月24日。https://www.ctwant.com/article/29555。

Benoit, William L. (2000). A Functional Analysis of Political Advertising Across Media, 1998. *Communication Studies, 51*(3), 274-295.

Johnson-Cartee, K. S. & Copeland G. A. (1991). *Negative Political Advertising: Coming of Age*. Hillsdale, NJ: Lawrence Erlbaum.

Trent, Judith S., Friedenberg, Robert & Denton, R. E. (2011). *Political Campaign Communication: Principles and Practices*, 7th ed., Westport, CT: Praeger.

網路影片創作與網路直播的倫理與法規

游淳惠
中國文化大學廣告系助理教授

- 影視作品與智慧財產權
- 著作權中「合理使用」的界線
- 網路影視作品的轉發與分享
- 網路直播與智慧財產權

本章探討了影視作品與智慧財產權的關聯，包括劇本創作、拍攝後製、配樂著作權及著作權轉讓與授權。針對「合理使用」，特別討論了非營利活動和二次創作的情境。研究網路影視轉發、分享行為，探討智慧財產權風險。最後，深入研究網路直播對智慧財產權的挑戰，包含著作權歸屬、直播主授權程序、平台審查機制、商標權和商品資訊真實性。

第一節　影視作品與智慧財產權

　　在數位時代，影片創作者擁有前所未有的便利性，使得影片製作過程更加流暢且快速。網路影片製作過程大致可以分為以下幾個步驟：首先，影片製作的起點通常是劇本創作，創作者撰寫故事劇本，這一階段涉及到故事情節、對話和角色的塑造。透過現代攝影技術，影片的實際拍攝變得更加容易，而相對於過去高昂的成本，現今的數位相機和手機提供了成本效益的拍攝解決方案。

　　其次則是影片的後製階段，創作者可以利用專業的剪輯軟體進行後製工作，包括剪輯、音效、特效等，以打磨最終成品。同樣地，視覺效果的運用也在此階段發揮作用，從動畫到特殊效果，進一步提昇影片的質量。音樂製作是影片製作者能夠營造氛圍和情感的另一個重要元素。創作者可以選擇原創音樂或取得授權的音樂作品，使影片更生動有趣。

　　最後，影片製作者透過網路平台將完成的作品上傳至社交媒體或影片分享網站，實現影片的全球傳播。儘管數位時代為創作者提供了這些便利，如果隨意使用未經他人授權的影片仍然違反《著作權法》（郭宜佳，2023）。在這種情境下，我們將深入瞭解這些挑戰對影片製作者的影響，以及如何在尊重版權的前提下進行創作。

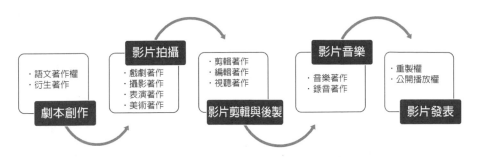

圖12-1　影片製作過程中會涉及到的相關著作權

一、劇本創作

　　影視作品誕生的第一步就是內容創作，目前我們所看到的影視劇本，大致上可以分為兩類：「故事改編」與「原創作品」。在劇本撰寫的過程中，我們會涉及到的著作權就是「語文著作權」和「衍生著作的語文著作權」，語文著作權指的是包括詩、詞、散文、小說、劇本、學術論述、演講及其他之語文著作。衍生著作則是基於原著作而另為創作，衍生著作與原著作分別屬於二個獨立的著作，兩者都享有著作權（雷憶瑜，2001）。

　　如果編劇撰寫的劇本內容涉及到故事改編或者小說改編，並非故事的原創者時，則必須先取得原創者的授權，才能將內容進行改編，否則將可能違反《著作權法》第92條（擅自以公開口述、公開播送、公開上映、公開演出、公開傳輸、公開展示、改作、編輯、出租之方法侵害他人之著作財產權者……）的規定。

　　一般來說，劇本著作權是屬於參與劇本創作的編劇，著作財產權保護的年限是劇本創作者的生存期間再加上五十年。因此，即使電影本身已經過了保護年限，如果製作團隊想要把同一個劇本進行翻拍，仍然還

是要取得著作權人的授權才可以進行翻拍。

二、影視作品的拍攝與後製過程

在一部影片的拍攝過程中，會涉及到的著作權包括了：導演的戲劇著作、攝影師的攝影著作、演員的表演著作、剪輯師的編輯著作、美術設計的美術著作……等等。根據《著作權法》第5條指出，電影屬於「視聽著作」，其保護年限爲著作公開發表後五十年，超過五十年以後就會成爲「公共財」，民眾不需授權就可以自由使用。然而，前面所提及到的著作權仍有些差異，例如：戲劇著作、編輯著作、美術著作等著作財產權保護年限是創作者的生存期間再加上五十年；攝影著作和表演著作則是五十年。

三、影視作品的主題曲與配樂

在數位時代，製作影片若需使用他人的音樂，將牽涉到多層次的著作權考量，進而需要採取不同的授權步驟。一首完整的歌曲包括詞和曲，根據《著作權法》的規定，這兩者是獨立分開的。在製作網路影片時，若創作者需要使用完整的一首歌，則必須同時獲得詞和曲的音樂著作授權。若影音創作者僅需使用曲作爲配樂，而歌詞則希望自行修改，則僅需獲得編曲的授權即可。然而，音樂經紀公司可能更傾向於詞和曲一起授權，以獲得更多的利益。

此外，除了詞和曲屬於音樂著作的範疇外，如果這首歌在錄音間進行製作，則還涉及到錄音著作。在錄音過程中，歌手的表演著作也被包含在內。若導演將這首錄製完成的歌拍成MV形式，那麼這個MV就屬於視聽著作。因此，影片創作者若想要使用一首歌作爲主題曲或配樂，需

要根據使用的程度，獲取相應的授權。音樂著作的保護年限是創作者的生存期間再加上五十年，而錄音著作只受五十年的著作保護。因此，影片製作者若在創作過程中使用音樂，須注意不同著作權的保護期限。

在音樂授權的過程中，還有兩個重要的概念，即「重製權」和「公開播放權」。音樂著作的「重製權」通常由著作財產權人或其委託的音樂詞曲經紀公司進行管理和授權。對於非營利性質的微電影等新媒體創作，即使沒有營利行為，仍應取得授權。這是因為在網路上利用他人著作，無論是否有營利，都可能影響著作權人的權益（經濟部智慧財產局，2015）。

四、著作權的轉讓與授權

著作權可以分為轉讓與授權兩種模式。著作權轉讓是指著作權人將其擁有的著作權全部或部分轉移給他人的法律行為。根據智慧財產權相關的規定，著作權轉讓必須透過書面契約來實現，並明確轉讓的範圍、方式、期限等重要條款，以確保雙方權益的明確。著作權授權則是指授權方仍保留著作權，授權依授權程度不同分為專屬授權、獨家授權和非專屬授權，具體區別如下：

1. 專屬授權：專屬授權是指著作權人同意將特定權利授予特定的被授權人，而同時著作權人不再將同樣的權利授予其他人。這種形式的授權通常具有較高的獨占性，被授權人在特定範疇內擁有相對的獨立性。

2. 獨家授權：獨家授權表示著作權人同意將特定權利授予被授權人，但著作權人保留自己也能行使同樣權利的權利。這種授權形式具有較大的靈活性，同時確保了著作權人在特定範疇的參與。

3. 非專屬授權：非專屬授權是指著作權人同意將特定權利授予一個

或多個被授權人，而同時保留自己行使同樣權利的權利，且可以同時將相同權利授予其他人。這種形式的授權相對彈性，多用於大眾媒體的使用情境。通常音樂授權形式大部分都會使用非專屬授權，因為這樣才可以多元使用，包括給電影配樂，上架到影音平台或者音樂串流媒體（如Spotify、KKBOX、iTunes）。

表12-1　著作權的轉讓與授權比較

著作權類型	著作權轉讓	著作權授權		
		專屬授權	獨家授權	非專屬授權
著作財產權人（授權人）使用著作	不可以	不可以	可以	可以
著作財產權人再授權第三人	不可以	不可以	不可以	可以
被授權人是否可以轉讓授權？	可以	可以	轉授權需授權人同意	不可以
被侵權時誰能提告？	被授權人	被授權人	授權人	授權人

資料來源：經濟部智慧財產局（2014）。

第二節　著作權中「合理使用」的界線

在眾多的著作權爭議的案件中，我們常常能看到侵權者主張使用未經授權的影片是合乎《著作權法》中的「合理使用」規定。合理使用是《著作權法》中一個重要的概念，它涉及到在特定情境下，使用他人著作而無需得到著作財產權人的授權。特別是在非營利性活動中，合理使用具有特殊的法規定義和條件。

一、合理使用的定義

在《著作權法》中,「合理使用」的目的是在平衡著作權人權益和社會需求的原則。根據我國《著作權法》第55條的規定,非營利性活動中的合理使用被明確定義為活動非以營利為目的、未對觀眾或聽眾收取任何費用,且未支付表演人報酬。符合這些條件的活動,可在活動中合理使用他人著作,且無需得到著作財產權人的授權。此定義提供了一個框架,以區分在非營利性活動中何謂合理使用。

雖然合理使用提供了一定的彈性,但也存在一些明確的限制。這些限制包括:活動不能有營利目的,不得對觀眾或聽眾收取費用,不得支付表演人報酬,以及活動需為非經常性、特定性質。合理使用的核心在於保護原著作者的權益,同時在一些情況下,給予社會更多使用著作的彈性。

法院在判斷是否屬於合理使用時,依據四項標準進行判斷:利用之目的及性質、著作之性質、所利用之質量及其在整個著作所占之比例,以及利用結果對著作潛在市場與現在價值之影響。這些標準提供了判斷合理使用的客觀標準,例如,使用著作的目的是否商業或非營利,使用的內容是否為著作的精華部分等。

二、非營利性活動中的合理使用

在非營利性活動中,合理使用的概念具有特殊的重要性。舉例來說,咖啡廳的老闆如果在店內播放音樂,想要主張合理使用,必須符合法規中的各項條件。然而,咖啡廳的經營通常是為了營利,且通常會收取消費者的飲品費用,這就已經違反了非營利性活動的基本條件。此

外，雖然消費者並非直接支付欣賞音樂的費用，但咖啡廳經營的整體目
的仍然是營利，這也意味著活動的目的與非營利性質有所出入。由於咖
啡廳播放音樂的情境未符合非營利性活動的基本條件，店主在此情況下
無法主張合理使用。因此，播放音樂的行為依然需要得到著作財產權人
的同意或授權。

三、二次創作影片的合理使用

在當今影音平台的環境中，我們經常看到一類特殊形式的影片，
即與電影、電視劇或影集相關的預告片以及二次創作影片（簡稱二創影
片）。所謂的二創影片是指基於原始著作而創作的衍生作品。然而，根
據法律規定，未經著作權人同意重製他人著作即屬侵犯著作權。

對於二創影片的著作權討論相當複雜，因為這可能涉及對原始著
作的修改和重新創作。在某些情況下，這些影片可能被認定為合理使用
（fair use），而不構成侵權；然而，在其他情況下，這些影片可能被視
為未經授權的衍生作品，導致侵犯著作權的法律責任。

二創影片的合法性挑戰來自於在商業性目的、使用比例、對潛在市
場的影響等方面難以符合合理使用的標準。在這樣的法律環境中，法院
在判斷這類案例時面臨著困難，需要深入考慮二創影片的轉化性和對原
始著作市場的實際影響。這種情況凸顯了合理使用原則的模糊界線，以
及法院在處理這類案例時的複雜性。在進行權益平衡時，法院不僅需顧
及原創作者的權利，同時也需尊重二創作者的創作自由，這使得案件判
決更為複雜且具有挑戰性。

四、有違法之虞或爭議之案例說明

本章節選取兩個近年來較知名且具爭議性的代表案例作分析，分別是古阿莫「X分鐘看完XX電影」和老高與小茉的「三大超能力：飛行，變態，休眠」，這兩個影片所涉及的著作權爭議，也是現在我們在許多影音平台上常看到的影片製作手法，前者是以短時間的方式告訴觀眾影片重點，後者是模仿其他成功的短影音，在內容上進行語言或主角的改變，但影片本質概念沒有修改，以下將具體分析：

案例一：古阿莫「X分鐘看完XX電影」

YouTuber谷阿莫（本名仲惟鼎）以2015年的「X分鐘看完一部XX的電影」系列走紅，透過擷取電影片段、剪輯並評論，在臉書、YouTube等社群平台分享。然而，他因十三部涉嫌「改作」的影片，如「動物方程市」、「屍速列車」等，面臨五家片商的侵權指控。在台北地院審理中，谷阿莫已與四家達成和解並撤告，唯一KKTV則要求刊登聲明後方肯撤告，同時谷阿莫賠償片商上百萬元。他在臉書聲明將遵守著作權法，不再使用科科公司的作品（中央社，2020）。

案例說明：案件最後，檢方認為，谷阿莫影片畫面雖然都是利用他人的內容，但在針對使用的影片有重新進行剪輯，並配上自己的旁白，這個舉動已經滿足「改作」條件，而不是只是單純「引用」畫面，但是當影片上傳YouTube後，點閱率又可以創造分紅利潤，所以有營利嫌疑，並不符合「合理使用」情況，所以最後將他依違反《著作權法》起訴。

案例二：老高與小茉涉嫌抄襲日本原創節目

　　YouTuber「老高與小茉 Mr & Mrs Gao」以獨特的故事和知識內容廣受歡迎。在2023年6月上架一個標題爲「三大超能力：飛行，變態，休眠」的影片，隨後遭另外一名YouTuber「藍泉媽媽」批評此影片作品非原創而是抄襲日本的影片，包括影片的資料、數據、編排，甚至與小茉的互動模式也是模仿來的（今日新聞，2023）。

　　案例說明：若節目僅是將日本影片拷貝後翻譯，未重新組合或詮釋，就可能會侵犯對方的「語文著作權」，若老高節目僅參考日本YT影片結構故事，並經過重新詮釋、組合或剪輯，則不構成著作權問題，但如果內容上有高度重複性，還是有可能涉及侵犯語文著作權，這需逐一比對個別案例確認。但是著作權採取的是「告訴乃論」，所以必須日本影片的創作者來台跨海提告，著作權侵權案件才會被受理。而這也是網路上許多創作者存有的「僥倖心態」，認爲著作權人不會來提告。

💬 第三節　網路影視作品的轉發與分享

　　在網路迅速蓬勃發展的時代，人們習慣性地進行內容分享，不論是影片、圖片，或其他網路文字訊息。然而，這種自由分享的行爲也同時伴隨著智慧財產權的重要問題。社交媒體平台上的轉發和分享行爲，如何在不侵犯著作權人權益的前提下進行，成爲一個值得深入探討的議題。

一、網路分享的差異化行為

在討論網路分享時,我們必須清楚區分「轉發」和「分享」這兩者的不同。轉發通常指的是直接在自己的社交媒體帳號上轉發原始內容,而分享的形式則更為多樣,包括透過超連結分享、轉載文字等方式。這種區別對於智慧財產權的合法使用有著實際影響。

二、轉發與分享的智慧財產權風險

在轉發和分享的行為中,最容易引起智慧財產權爭議的是當牽涉到受著作權保護的內容。當使用者未經內容擁有者的許可直接複製或轉發整個內容時,可能觸及到著作權的侵權問題。

具體而言,分享影片主要有兩種方式:透過提供網址連結和直接上傳至社交媒體。在提供網址連結的方式中,技術上使用超連結,使公眾透過連結觀賞影片。這種方式並未將影片重製於社交媒體平台,因此不涉及著作權的侵權問題。相反,直接上傳影片至社交媒體,技術上是將影片重製於平台,可能觸及「重製」和「公開傳輸」的著作權利用,原則上應取得著作財產權人的同意或授權。

三、LINE群組轉傳方式

如果在LINE群組中,只是單純提供網址超連結的轉傳行為,並不牽涉著作權侵害,原則上屬於合法分享。然而,直接上傳圖片或將他人影片下載並發送至群組,這就可能會涉及侵害著作權,建議在公眾群組需謹慎轉傳未經授權的內容。另外,在群組中,若群組成員僅是觀看圖

片、影片或文章而沒有進行轉傳行為，則不會觸及侵權問題，因此成員無需感到不安或擔憂。在轉傳、轉載時應注意是否涉及著作權利用，以免招致著作財產權人提起告訴主張權利。尤其當明知連結內容非法時，轉傳者可能成為侵權的共犯或幫助犯。

四、YouTube影片分享

透過提供網址連結的方式分享YouTube影片，讓公眾透過超連結方式觀賞影片，這種方式不涉及著作權的侵權問題。反之，若直接在社交媒體平台上上傳YouTube影片，可能觸及「重製」和「公開傳輸」的著作權利用，原則上應取得著作財產權人的同意或授權。

然而，值得注意的是，如果YouTube上的影片明顯係屬非法，例如盜錄院線電影，則分享者在明知該連結內容未經合法授權或屬盜版情況下，卻仍在社交媒體上分享該影片連結給他人，有可能與直接侵害「公開傳輸權」的第三人成立共犯或幫助犯。利用時需特別小心。

網路轉發與分享的行為為文化交流帶來了便利，同時也伴隨著智慧財產權的法律風險。透過深入解析轉發和分享行為，以及不同的分享方式所牽涉的智慧財產權問題，我們能更全面地瞭解如何在網路世界中遵守法規，同時尊重著作權人的權益。

第四節　網路直播與智慧財產權

隨著智慧型手機及行動裝置的普及，人們得以透過「直播」形式進行創作，隨時隨地播放即時影像並與他人分享。台灣目前比較知名的直播平台，包括17直播、抖音、Up直播、Twitch、Facebook、YouTube、

Instagram等。網際網路技術的進步不僅提高了網路直播的即時互動性，也使直播成爲一種高度參與的娛樂活動。然而，網路直播的即時影片創作，也引發了社會大眾對於網路直播的著作權探討，主要涉及以下幾點：

一、直播內容的著作權歸屬

在探討直播內容的著作權歸屬問題時，需要深入研究主播和平台之間的權益分配。若直播內容具有原創性和創作性，則受著作權保護，但直播內容的著作權歸屬是一個複雜的問題，涉及合約規範、《著作權法》的適用等方面。目前，我國法規未有針對直播平台的著作權歸屬提供明確規範，因此，直播平台業者與主播在合約中應詳細訂明著作權關係，以避免未來的糾紛。

二、直播主使用他人著作的授權程序

在直播過程中，直播主如果需使用到他人著作時，必須先獲得著作權人的授權，例如使用他人音樂時需要取得音樂著作、錄音著作、視聽著作、重製權和公開播放權的授權，以避免侵權狀況。目前國內部分直播平台已與著作權集體管理團體簽有授權契約，可方便直播主合理使用，但建議直播主在直播前仍要確認平台是否具備使用音樂或影像的合法授權，以免引發後續的法律糾紛。

三、直播平台的審查機制

目前雖然沒有針對平台審查機制的規範，但我們有必要對直播平台

的審查機制進行分析與探討，包括各個直播平台的審查標準、使用的技術手段，以及對侵權行為的懲罰機制。在不侵犯言論自由的前提下，探討平台應如何確保內容合法性方面的責任，以及他們應當如何協助主播確保使用的所有內容都經過正確的版權授權。同時，分析觀眾對平台審查機制的期望和反饋，以及他們對內容合法性的關注點。進一步探討新興技術在審查機制中的應用，例如人工智慧和機器學習，以提高審查的效率和準確性。此外，還可以考慮國際間對於審查機制的標準和模式，以及這些標準對於跨境直播的影響。

四、直播電商中的商標權問題

直播電商的崛起重新定義了購物體驗。消費者不再僅僅透過文字和圖片來選購商品，而是透過即時的直播節目，深入瞭解商品的特色和使用方式，更可在直播間與主播進行互動，甚至是議價。這種直觀的購物體驗的背後，也涉及到商品資訊的表達和傳遞，這其中也牽涉到智慧財產權的相關法律問題（郭俊麟，2022）。

直播電商中商標權的問題討論，包括商標權的保護範圍、直播主在節目中如何應用商標，以及如何避免侵犯商標權。這可以涵蓋直播主在直播節目中展示商品時，如何避免侵犯品牌方的商標權，以及商標權保護範圍在這個情境下的具體應用。同時，直播主在進行帶貨行銷時，也要注意於商標權侵權可能對品牌形象和市場競爭造成的影響。

例如，主播展示商品時使用的影片、照片等內容是否來自合法渠道，在選品推廣前，需考慮是否經過品牌方的正式授權，這都需要仔細考慮。尤其，如果在直播過程中販賣或陳列仿冒品，則可能會涉及違反《商標法》和廣告不實。此外，直播平台上也不乏有直播主以「搞笑」或「戲謔」手段來吸引網民的點擊量，但在創作過程中，如果涉及到露

出廣告主的商標，造成品牌的名譽毀損，則也屬於侵犯商標權的一種。

五、直播電商中商品資訊的真實性

在直播電商中，主播呈現商品資訊的真實性至關重要。這包括宣傳商品內容的合法性和確保商品資訊的正確性。觀眾在觀看直播時需謹慎注意，判斷並確保購買商品的品質和性能。建議主播在節目中詳細描述商品，以提高商品資訊的透明度。主播應強調商品的真實特性避免模糊宣傳，以誠信建立可靠的消費者信任，創造更健康透明的直播電商環境。

隨著直播電商的興起，商品的行銷不再僅僅依賴於靜態的文字和圖片，而是透過實際的展示和使用場景呈現，這無疑增加了商品資訊的傳遞量。然而，同時也需要注意如何在這個情境下確保商品相關的內容不侵犯他人的智慧財產權。因此，我們需思考如何在這種情境下建立一個明確的權益歸屬機制，使得商品展示和推廣更為順利和公平。

網路時代的影片製作、直播和電商雖然帶來了無限的機遇，但也同時面臨著智慧財產權的種種挑戰。如何在保障創作者權益的同時，促進這些產業的發展，需要在法規制度、行業自律和技術手段等多方面進行綜合考量，以實現產業的健康與可持續發展。

參考書目

中央社（2020）。〈谷阿莫賠百萬與片商和解 臉書聲明日後注意著作權法規定〉。https://www.cna.com.tw/news/firstnews/202006090286.aspx。

今日新聞NOWnews（2023）。〈老高影片爆抄襲日本YT！藍泉媽媽揭真相：小茉對話也照抄〉。https://www.nownews.com/news/6218093。

郭宜佳（2023）。《論網路影音作品著作權合理使用之界限探討》。東吳大學法律學系碩士論文。

郭俊麟（2022）。〈直播電商與網紅經濟之探討——以直播之法律風險與產業趨勢為核心〉，《南台財經法學》，8：131-164。

經濟部智慧財產局（2014, 2021/10/7）。專利Q＆A，〈何謂專屬授權？何謂非專屬授權？何謂獨家授權？〉。https://topic.tipo.gov.tw/patents-tw/cp-783-872518-e4472-101.html。

經濟部智慧財產局（2015, 2022/1/11）。音樂授權Q&A，〈若要利用既有音樂著作與錄音著作，要向誰取得授權？〉。https://topic.tipo.gov.tw/copyright-tw/cp-471-859087-00c40-301.html。

雷憶瑜（2001）。《著作權案例彙編——戲劇、舞蹈著作篇(三)》。經濟部智慧財產局。https://books.google.com.tw/books?id=djRhAAAACAAJ。

新聞傳播叢書

數位時代的傳播倫理與法規

主　　編／鈕則勳、賴祥蔚

作　　者／胡全威、張佩娟、莊伯仲、游淳惠、鈕則勳、
　　　　　鄭淑慧、賴祥蔚

出 版 者／揚智文化事業股份有限公司

發 行 人／葉忠賢

總 編 輯／閻富萍

地　　址／新北市深坑區北深路三段 258 號 8 樓

電　　話／(02)8662-6826

傳　　真／(02)2664-7633

網　　址／http://www.ycrc.com.tw

E-mail ／ service@ycrc.com.tw

I S B N ／ 978-986-298-431-4

初版一刷／2024 年 2 月

定　　價／新台幣 350 元

國家圖書館出版品預行編目（CIP）資料

數位時代的傳播倫理與法規　=
Communication ethics and law in the digital
age/胡全威, 張佩娟, 莊伯仲, 游淳惠, 鈕
則勳, 鄭淑慧, 賴祥蔚著. -- 初版. -- 新北
市：揚智文化事業股份有限公司, 2024.02
　面；　公分（新聞傳播叢書）

ISBN 978-986-298-431-4（平裝）

1.CST: 大眾傳播　2.CST: 媒體倫理　3.CST: 傳
播法規　4.CST: 數位媒體

541.831　　　　　　　　　　　　113001691

113.7.12
350X5